AF396080

DU

CRÉDIT AGRICOLE

PERSONNEL ET MOBILIER

THÈSE POUR LE DOCTORAT

SOUTENUE DEVANT LA FACULTÉ DE DROIT DE BORDEAUX, LE 13 MARS 1896

PAR

Roger d'ANGLADE

LAURÉAT DES CONCOURS DE LA FACULTÉ DE DROIT
(Second prix d'Histoire du droit)
(Première mention d'Économie politique)

BORDEAUX

IMPRIMERIE Y. CADORET

17, RUE MONTMÉJAN, 17

1896

DU
CRÉDIT AGRICOLE
PERSONNEL ET MOBILIER

THÈSE POUR LE DOCTORAT

SOUTENUE DEVANT LA FACULTÉ DE DROIT DE BORDEAUX, LE 13 MARS 1896

PAR

Roger d'ANGLADE

LAURÉAT DES CONCOURS DE LA FACULTÉ DE DROIT
(Second prix d'Histoire du droit)
(Première mention d'Economie politique)

BORDEAUX

IMPRIMERIE Y. CADORET

17, RUE MONTMÉJAN, 17

1896

FACULTÉ DE DROIT DE BORDEAUX

MM. BAUDRY-LACANTINERIE, ✳, ❂ I., doyen, professeur de *Droit civil*.

SAIGNAT, ❂ I., assesseur du doyen, professeur de *Droit civil*.

BARCKHAUSEN, ✳, ❂ I., professeur de *Droit administratif*.

DE LOYNES, ❂ I., professeur de *Droit civil*.

VIGNEAUX, ❂ I., professeur d'*Histoire du droit*.

LE COQ, ✳, ❂ I., professeur de *Procédure civile*.

LEVILLAIN, ❂ I., professeur de *Droit commercial*.

MARANDOUT, ❂ I., professeur de *Droit criminel*.

DESPAGNET, ❂ I., professeur de *Droit international public*, chargé du cours de *Droit international privé*.

MONNIER, ❂ I., professeur de *Droit romain*.

SAINT-MARC, ❂ I., professeur d'*Economie politique*, chargé du cours de *Législation industrielle*.

DUGUIT, ❂ A., professeur de *Droit constitutionnel et administratif*.

DE BOECK, ❂ A., professeur de *Droit romain*.

DIDIER, ❂ A., professeur-adjoint, chargé des cours de *Législation financière*, de *Législation coloniale* et d'*Economie politique*.

MM. SIGUIER, ❂ A., *secrétaire*.

PLATON, ❂ A., ancien élève de l'Ecole des Hautes-Études, *sous-bibliothécaire*.

CAZADE, *Commis au secrétariat*.

COMMISSION DE LA THÈSE

MM. SAINT-MARC, professeur, *président*.

DE BOECK, professeur.

DIDIER, professeur-adjoint.   { *suffragants*.

DU

CRÉDIT AGRICOLE

PERSONNEL ET MOBILIER

CHAPITRE PREMIER

NÉCESSITÉ DU CRÉDIT RURAL

I. Sa nécessité pendant la crise agricole.— II. Sa nécessité depuis le réveil de l'industrie agricole. — III. Sa nécessité pour diminuer le prix de revient du blé. —
IV. Pour quelle sorte d'opérations faut-il procurer le crédit à l'Agriculteur. —
V. Pourquoi l'Agriculteur ne trouve pas d'argent dans son village et autour de
lui. — VI. Trois objections contre l'établissement du crédit rural. — VII. Le
crédit se divise-t-il en espèces et spécialement y a-t-il un crédit agricole.

I

En France, dix-sept millions cinq cent mille habitants
vivent du travail de la terre, et neuf millions cinquante mille
seulement s'adonnent à l'industrie. C'est donc la moitié de la
population (47 0/0 d'après le dénombrement de 1892) (1) qui
subit directement les effets d'une crise agricole déjà ancienne,
mais la classe ouvrière proprement dite en ressent elle-même
le contre-coup : Quand la condition du cultivateur se fait
précaire à l'excès, les produits de la manufacture ou de

---

(1) Voir aussi Crépeaux, *Année agricole et commerciale;* Pédone, 1893.

l'usine ne se vendent guère dans les campagnes, s'ils ne sont de première nécessité. Au contraire, l'aisance revient-elle dans la ferme? C'est un nouveau débouché ouvert à l'industrie des villes. Les causes de cette crise sont variées (1) : Le Phylloxéra a changé en lieux stériles des terrains acquis, parfois, à chers deniers, ou défrichés à grands frais. Au moment où le fléau allait tout envahir, les propriétaires plantaient plus que jamais, et pas un profit n'est venu amortir, en certains domaines, les avances considérables de la mise en culture. Les remèdes employés contre l'Oïdium, le Blackrot, le Mildew ont, à leur tour, amené de nouvelles dépenses. Par suite d'une température défavorable, ou d'une succession trop irrégulière d'humidité et de sécheresse, les récoltes sont devenues insuffisantes; enfin, sur les revenus amoindris des classes rurales, la Commune et le Département ont prélevé une quantité toujours croissante de centimes additionnels, en même temps que l'Etat maintenait, sans l'alléger, le poids de l'impôt foncier. A cette contribution foncière vient s'ajouter le droit de mutation, exigé chaque fois que par donation, héritage où vente une propriété change de maître, droit qui s'élève de 5 à 10 1/2 0/0 du capital transmis, et englobe, parfois, trois ou quatre années de revenu (2).

C'est assez justifier la tendance des agriculteurs à diriger leurs fils vers les fonctions publiques, là où grêle, gelée, impôt ne peuvent mettre en péril le traitement annuel. C'est dire aussi combien est privilégiée la fortune mobilière, faite de « Rente française » ou d'autres créances inaccessibles au fisc. Sous l'ancien régime, il était juste de faire payer aux propriétaires ruraux le monopole dont ils jouissaient sur le marché local des denrées alimentaires, surtout pendant les

---

(1) Tixier-Aubergier : *Considérations sur la Crise agricole*; Guillaumin, 1895.
(2) Taine, *Le Régime moderne*; Hachette, 1891.

années de disette, mais si l'on pouvait jadis parler de leurs privilèges, on n'a plus à s'inquiéter, maintenant, que de leur détresse, depuis l'invasion des produits étrangers sur le territoire national (1). Pourquoi donc grever si lourdement l'agriculteur et lui demander la rançon d'un monopole depuis longtemps perdu? C'est là une cause fatale d'appauvrissement. Toutefois il en est d'autres qui sont certainement imputables au cultivateur. Il a cru trop naïvement à l'inépuisable fertilité de ses meilleures terres; trop longtemps il a négligé de rendre au sol les éléments nutritifs qui étaient passés dans le tissu des plantes et enlevés avec elles au temps des récoltes. L'humus, entretenu par une insuffisante fumure, n'a plus nourri que de maigres moissons. C'est à ce moment même, que la concurrence irrésistible des pays neufs a contraint les propriétaires français à baisser le prix de leurs produits, jusque dans la proportion de 25 0/0, d'après les calculs de M. Claudio Jannet (2), tandis que le salaire des domestiques et des gens de journée s'élevait à un taux jusqu'alors inconnu (3). Hasarder des frais de culture devenait un luxe (4). Les acquéreurs qui n'avaient pas encore payé leurs domaines les grevaient d'hypothèques, et on les a vus recourir à une fraude désespérée, démolir la ferme, les granges, les celliers, couper les arbres et vendre ces épaves dans le voisinage (5).

II

Alarmés, les agriculteurs ont tenté d'échapper à la ruine. La première, c'est la grande culture qui a donné l'exem-

---

(1) Labouillerie, *Etude sur la propriété rurale*, 1891.
(2) *Le Socialisme d'Etat et la Réforme sociale*; Plon, 1889.
(3) M. Vacher, *L'Agriculture et la Main-d'œuvre*; Masson, 1892.
(4) Claudio Jannet, *Le Capital, la Spéculation et la Finance*, chap. XIII; Paris, 1892.
(5) *Officiel*, séance du 12 février 1894.

ple. Elle a exposé ses capitaux dans des entreprises incertaines, elle a expérimenté, à ses risques, des procédés nouveaux, et quand le succès est enfin venu rémunérer de si périlleuses tentatives, alors la petite culture a mis à profit les découvertes d'autrui. Dans le Midi, ce sont les grands propriétaires qui ont arrêté le phylloxéra, submergé leurs vignobles, planté dans les sables, et pour combattre l'oïdium, le mildew, d'autres fléaux encore, ils ont essayé des remèdes nouveaux, accru le nombre de leurs gens de service, sans pouvoir dire s'il leur serait donné un jour de recouvrer ces dépenses.

Les petits propriétaires sont restés longtemps incrédules. A leur tour cependant, quelques-uns ont appliqué, dans la mesure du possible, les nouvelles méthodes; ils ont cherché, non seulement à éviter la ruine, mais à transformer le travail des champs en une véritable industrie, lucrative autant que d'autres, dirigée avec science et avec calcul, de façon à obtenir le maximum de produits.

L'agronomie, la chimie, la géologie, l'électricité agricoles, sont venues activer ce progrès (1). On peut rééditer ces mots qu'écrivait Delille, au siècle dernier : « L'agriculture est devenue l'objet d'une foule de livres, de recherches et d'expériences. On a imaginé de nouvelles façons de labourer et de semer. Plusieurs citoyens ont eu la générosité de sacrifier des arpents de terre et des années de récoltes à des essais sur l'économie rurale... et la théorie de cet art occupe presque autant de têtes dans les villes, que la pratique exerce de bras dans les campagnes (2) ». Liebig, en contredisant les anciennes théories de Saussure, Thaër, Mathieu de Dombasle,

---

(1) Berthelot, *Le rôle de la science en agriculture, Revue scientifique*, t. L, 2ᵉ semestre, 1892.

(2) Delille, *Géorgique*, 1789 ; Bleuet, *Préface.*

a enseigné l'usage des engrais chimiques : Puisque l'humus n'est pas un aliment de la plante, et qu'il concourt simplement à rendre assimilables les substances minérales, il sera possible de remplacer, dans l'humus, les substances organiques par leurs équivalents minéraux. Il n'y a donc plus de terrains irrémédiablement stériles. Les agriculteurs ont mis à profit cette théorie, et l'ont appliquée avec discernement.

Non seulement la consommation des engrais a augmenté dans des proportions considérables, de 1889 à 1894, mais, si l'on en juge par l'enquête de M. Sagnier, auprès de 30 syndicats, l'emploi a été des plus judicieux (1).

L'enseignement agricole, en effet, commence à porter ses fruits. En peu d'années, il a été organisé à tous les degrés. Institut agronomique, écoles nationales, écoles pratiques, écoles spéciales, chaires, fermes-écoles, rivalisent avec les institutions qu'a suscitées l'initiative privée. Les syndicats le propagent par leurs conseils et par leurs démonstrations pratiques, au fond des campagnes, en même temps qu'ils font entendre auprès du gouvernement, du législateur et de la presse, les vœux des classes rurales : Ces vœux auront bientôt de nouveaux interprètes dans les chambres d'agriculture, si du moins, comme nous le souhaitons, la proposition de M. Méline ou celle de M. de Pontbriand sont prises en considération.

De la culture extensive le cultivateur français, en quelques départements, passe à une culture de transition, mélangée de céréales et de prairies, car il comprend que mieux vaut nourrir plus largement une moindre étendue de terre. Aussi l'élevage du bétail et l'embouche se développent-ils chaque jour. En 1881, nous avions seulement 13 millions de têtes d'espèce bovine, nous donnant les deux tiers de notre con-

---

(1) *Officiel*, séance du 14 février 1894.

sommation de viande, évaluée annuellement à 30 kilog. par personne (1). Cette ration a sûrement augmenté ; d'après M. Nicolle, elle serait actuellement de 50 kilog. par tête (2). Aussi, depuis 1890, les Amériques et l'Australie ont-elles cherché, et facilement trouvé sur notre marché national, un large débouché pour leurs bœufs et pour leurs viandes fraîches (3). Les *saladeros* préparent en conserves ou en « extrait Liebig » la chair de plusieurs millions de bétail (4) ; l'Uruguay abat plus de 700,000 bœufs et nous les envoie dans des chambres frigorifiques ; de mars à octobre, le Portugal, l'Algérie, l'Italie, l'Espagne expédient en France de nombreux convois. Pourquoi laisserions-nous à l'étranger le monopole d'une production si lucrative? Pourquoi abandonner aux spéculateurs américains la mainmise sur le marché de la Villette où ils peuvent devenir maîtres des cours, comme en mai 1894, bien plus au profit des intermédiaires qu'à l'avantage des consommateurs? Puisque la viande est un aliment chaque jour plus répandu et dont le prix a continuellement haussé depuis 50 ans, il faut développer la production, jusqu'à satisfaire exactement la consommation. L'usage du cheptel, si fréquent dans nos campagnes, prouve que l'élevage n'est pas une industrie sans profit. Au contraire, de tous les bénéfices agricoles c'est, de beaucoup, le plus rémunérateur, car, avec l'argent de la vente, il se compose, aussi, des engrais sans lesquels il n'y a pas de récolte. Assurément, il serait imprudent d'entreprendre, avec un luxe outré, ce qu'on appelle la *Culture animale intensive,* mais l'agriculteur ne pourrait-il s'y adonner au moins dans la mesure où il dispose d'un dé-

---

(1) Valserre, *Journal des Economistes,* décembre 1881.

(2, Crise agricole, *Revue des facultés cathol. de l'Ouest,* avril 1895.

(3) Cauwès, *Economie politique,* I, p. 478.

(4) P. Drouet, *Examen de l'Agriculture et de l'Elevage aux Etats-Unis à l'exposition de Chicago.* Correspondance de la Société nationale d'Agric., 2 mai 1894.

bouché, et, pour cela, diminuer ses emblavures, accroître l'étendue de ses prairies, puisque la culture du blé n'est plus rémunératrice, enfin, mettre à profit une science nouvelle, la zootechnie, qui lui apprend à perfectionner l'élevage et à varier l'alimentation, suivant qu'il veut réparer les forces de son attelage ou l'amener à un engraissement précoce ?

Ne parlons que pour mémoire des productions accessoires, précieuse ressource, néanmoins, pour la petite propriété, telle l'aviculture dont les frais minimes d'établissement sont couverts, en général, dès la première année. L'Italie fait passer par la Provence les convois de volaille qu'elle exporte en Espagne, sans éveiller, pour cela, l'initiative de nos agriculteurs du Midi (1).

La production des fruits ne pourrait-elle s'accroître, elle aussi? En 1893, nous en avons exporté pour 44,935,000 fr. Sans doute, la Nouvelle-Zélande et le Cap en importent en Europe, au mois de février et de mars, dans les chambres frigorifiques des navires qui servent au transport des viandes fraîches, mais cette concurrence n'est pas assez considérable pour nous effrayer.

De cet exposé, il résulte que les propriétaires ont plus qu'autrefois besoin d'argent : résister aux fléaux de la vigne, appliquer les nouvelles méthodes de culture, nourrir plus largement le sol, élever ou engraisser plus de bétail, augmenter les profits accessoires, par exemple, le revenu de la basse-cour ou le rendement du verger, ce sont là des entreprises, dont chacun devra proportionner l'essor à l'importance de son exploitation et de ses ressources, mais propriétaire ou fermier, l'agriculteur, quel qu'il soit, ne pourra y subvenir sans le secours de ses capitaux, ou, le plus souvent, sans l'aide du crédit.

---

(1) *Journal de l'Agriculture*, 22 déc. 1894.

III

Au moment où nous venons de rappeler combien le crédit est nécessaire à qui veut améliorer la culture de son domaine, augmenter les produits agricoles, et, par suite, en diminuer le prix de revient, il nous paraît utile d'examiner spécialement une question du plus haut intérêt.

Mieux vaudrait, avons nous dit plus haut, partager entre la culture intensive des céréales et l'entretien de prairies artificielles, l'espace exclusivement réservé, jusqu'à ce jour, aux emblavures. Mais il s'agit de savoir si nous devons absolument renoncer, en France, à faire croître le froment, et s'il nous est plus avantageux de l'acheter à l'étranger, là où des terres vierges, à peine remuées par la main de l'homme, portent des moissons surabondantes.

C'est le conseil de quelques économistes (1). L'Angleterre l'a déjà suivi, et, chez nous, plus de 28 départements commencent à la mettre en pratique (2). La concurrence des pays jeunes est, en effet, écrasante : Le blé russe obtenu à 11 fr. l'hectolitre (3) reviendra à plus bas prix encore, car dans ce pays l'agriculture a été peu protégée, et, si elle est dotée d'un ministère spécial, c'est seulement depuis 1894; le propriétaire y manque d'outillage et de crédit, si bien que, d'après des calculs rapportés dans la *Revue Britannique* du 3 mars 1893, un domaine de trois cents hectares en Russie, donne moins qu'une ferme de cinquante hectares en France.

Cependant ce pays exporte déjà 7 0/0 de ses récoltes, et, en froment, une valeur de 600 millions de roubles. On nous parle aussi du fermier américain qui, ayant épuisé sa terre,

---

(1) P. Leroy-Beaulieu, *Essai sur la répartition des richesses.*
(2) *Officiel*, 5 février 1894.
(3) *Journal des Economistes*, avril 1891.

ne va point exploiter les phosphates dont les gisements sont à sa portée, ni les engrais que lui offre l'Amérique du Sud. Libre de tracer, en pleine solitude, les limites d'un nouveau domaine, il s'en va chercher, plus loin, un sol que la charrue n'ait jamais touché. Sur neuf cent vingt-sept millions d'hectares, quinze millions seulement ont été exploités (1).

Quand la production est si facile, si peu coûteuse, le cours des denrées ne peut être élevé. Aussi, en 1894, le blé ne valait guère plus de 7 fr. l'hectolitre à Chicago.

Dans l'ouest américain, l'hectolitre revenait à 9 fr. 50, et malgré le prix du transport, il ne dépassait pas 15 fr. rendu à Liverpool. Le prix du fret, en effet, a notablement diminué (2). En 1879, il était de 56 fr. de New-York au Havre, il n'est plus aujourd'hui que de 10 fr. Depuis que l'Inde a organisé son réseau de lignes ferrées (1880), elle répand, en Europe, une large part de ses récoltes; la République Argentine, l'Algérie, la Tunisie, l'Australie envoient, aussi, des chargements plus considérables chaque année. Comment l'agriculteur français pourrait-il soutenir une si rude concurrence?

Il lui est difficile d'obtenir que le législateur élève les droits de douane, jusqu'à supprimer la différence sensible qui existe entre le prix du blé français et le prix du blé américain. En effet, même en tenant compte du devoir qui incombe à l'Etat de sauvegarder l'agriculture nationale, pourquoi enlever, entièrement, aux consommateurs, le profit de cette différence, et protéger une classe de la population aux dépens d'une autre? En cette matière, les transactions sont seules admissibles, croyons-nous, et diminuer la distance qui sépare les deux cours, sans toutefois l'annihiler,

---

(1) *Officiel*, 13 février 1894.
(2) Foville, *La transformation des moyens de transport et ses conséquences économiques; Guillaumin*, 1880.

nous paraît être la meilleure solution. C'est celle-ci, du moins, que le parlement a adoptée en établissant un droit de 7 fr. A l'agriculteur, maintenant, de compléter la loi et de s'aider lui-même. Que, partout, il mette en usage les conseils de l'agronomie, pour améliorer ses procédés de culture, accroître ses récoltes et diminuer ainsi le coût de son travail. Le tarif des douanes n'est qu'une ligne de défense, derrière laquelle nous devons préparer une vigoureuse résistance aux invasions à venir. Déjà, les droits protecteurs ont obtenu des résultats appréciables. Si l'on compare la moyenne de production en blé, pendant les quatorze années de libre échange, qui vont de 1871 à 1884, et dont deux, au moins, furent d'une fertilité exceptionnelle, à la moyenne des années de protection, qui vont de 1885 à 1892, on verra que le rendement a augmenté de 7,300 hectolitres.

Les départements de Seine-et-Marne, Eure-et-Loir, Nord, Somme, Loir-et-Cher, d'autres encore, obtiennent aujourd'hui 20 hectolitres à l'hectare, au lieu de 15. Ils ont recours aux fumures abondantes et aux labours fréquents, ils choisissent les variétés de céréales les plus productives, telles que le blé Lamed ou le blé à épi carré ; ils se servent d'un outillage perfectionné qui leur permet d'économiser le temps, le nombre des animaux ou des travailleurs (1). Là, en vingt ans, les faucheuses, les semoirs mécaniques, les machines à battre sont devenus d'un emploi habituel. On y a même essayé une machine à piocher, de Galland et Granjon, avec laquelle un seul homme, dit-on, fait le travail de six ouvriers et bien mieux. Après expérience, le cultivateur a reconnu que, pour atteindre des profits proportionnels, il devait apporter, au sol, certain minimum d'avances, et ne point dépasser un maximum, assez variable d'ailleurs.

---

(1) Tresca, *Le matériel agricole moderne;* Didot, 1893.

C'est dans cette voie qu'il devrait progresser, non seulement en quelques régions privilégiées, mais sur tout le territoire. Car, nous ne saurions assez le redire, son intérêt, à notre avis, est de diminuer les frais de revient, en accroissant la récolte sur une moindre étendue de terrain. Pour produire un quintal de blé, nous dépensons en France environ 25 francs qui représentent le salaire des gens de journée, le prix des semences et des engrais, la rente du capital-terre et l'impôt foncier. C'est du moins l'évaluation proposée, en 1893, par les agriculteurs de la commission des douanes, c'est encore celle de MM. Deschanel et Bernard Lavergne, députés (1).

Si nous comparons ce prix de revient à celui du blé américain, nous concluerons qu'il faut amoindrir l'écart de l'un à l'autre.

Cette solution est réalisable, mais un bon nombre d'agriculteurs sont encore assez lents à l'adopter. Ainsi, dans le Sud-Est, dit M. Labrouche (2), il n'est pas rare de rencontrer des domaines de *six à sept* métairies, dont l'étendue forme un total de plus de 100 hectares, où le maître a pour lui, sans augmentation depuis un temps immémorial, de 30 à 40 hectolitres de froment. L'outillage moderne y est inconnu, on n'y rencontre pas même une charrue Brabant. N'est-il pas évident qu'une culture si peu stimulante, et, par suite, si peu rémunérée, réduit à un taux infime la rente du sol? Produire dans de telles conditions un quintal de blé qu'on vendra 20 fr., ne nous semble pas une opération très lucrative. Si même le prix de vente laissait un bénéfice, quel en pourrait être le chiffre, quand on aurait déduit l'impôt foncier, le salaire des gens de journée, en un mot, tous les frais de culture.

---

(1) *Officiel*, séance du 13 février 1894.
(2) *Journal de l'agriculture*, 1er décembre 1894.

La plupart de nos industries nationales, dit M. Siegfried, se sont trouvées dans les mêmes conditions critiques, et pour lutter contre la concurrence étrangère, elles ont amélioré leur matériel, acheté de nouvelles machines, activé leur production. Que l'agriculteur, industriel lui aussi, et véritable fabricant de denrées, selon le mot de M. Passy (1) suive cet exemple, mais qu'il ne renonce pas à faire croître le blé. La petite propriété, c'est-à-dire la majorité de nos exploitations rurales, ne saurait s'accommoder exclusivement de la culture fourragère; elle ne pourrait même pas en faire l'essai, en bien des domaines, à cause de la nature du sol, ou faute d'espace suffisant. Il est aussi des contrées où la terre se paye très cher. On n'y obtiendra une rente assez élevée, qu'au moyen d'une culture *intensive,* et en utilisant les moindres recoins. Or, les pâturages exigent de vastes superficies, et rentrent, justement, parmi les exemples les plus caractéristiques de la culture *extensive.* Puis, ignore-t-on qu'après les soins donnés à la vigne, c'est à travailler le blé qu'on occupe le plus grand nombre d'ouvriers ruraux? Depuis vingt ans, ils ont été privés, tour à tour, de la culture du lin, du chanvre, du colza, de l'olivier et des vers à soie, dont nous avons plus ou moins réduit l'étendue. A quel emploi seront-ils réduits, si nous leur enlevons cette dernière ressource? Contraints d'émigrer, ils iront mourir de misère dans les faubourgs de nos grandes villes.

Mais une considération d'un intérêt plus général nous paraît décisive. Si la France, qui consomme annuellement une quantité de blé évaluée à deux milliards de francs environ, devenait tributaire des autres nations pour une telle somme, et attendait, désormais, de l'étranger, la plus indispensable des denrées, que deviendrait son indépendance économique, et

---

(1) *Des systèmes de culture en France,* etc.; Paris, 1852.

à quelles terribles famines la population serait-elle exposée, le jour où une guerre viendrait entraver les relations commerciales, plus encore, au moment où un blocus viendrait fermer nos ports?

Sans doute le blé d'Amérique et de quelques pays revient à un prix infime; cependant les conditions privilégiées du temps présent semblent devoir se modifier bientôt. Si l'on en croit M. Piret (1), le cultivateur des Etats-Unis tendrait à diminuer ses emblavures, tandis que la consommation serait en voie de croissance. Dans l'Amérique du Nord et dans l'Inde, au contraire de ce qui se passe en France, la natalité dépasse de beaucoup les décès; il est donc permis de penser que l'excédent des récoltes, habituellement envoyé aux pays européens, diminuera ou ne pourra se maintenir qu'au moyen d'une exploitation plus coûteuse. Dans ces deux cas, la concurrence sera sensiblement amortie.

Concluons : mieux vaut garder nos emblavures, en réduire simplement l'étendue, donner au sol des avances suffisantes, sans s'arrêter au point où elles commenceraient à donner des profits progressifs, et grâce à un outillage plus parfait, à un meilleur choix de semences, à une méthode de travail plus judicieuse, obtenir, sur un moindre espace, des récoltes aussi abondantes, au moins, que par le passé.

IV

Encore une fois, ces progrès ne se réaliseront pas sans capitaux. Si la question du crédit est ancienne, si elle préoccupait déjà l'Assemblée provinciale du Berry en 1787 (2), aujourd'hui elle est d'un intérêt pressant, et figure au premier rang des réformes que réclament les associations agricoles (3).

---

(1) *La production indigène et la concurrence étrangère;* Paris, 1895.
(2) *Revue des Deux-Mondes,* 1er juillet 1881.
(3) *Réforme sociale,* 1er octobre 1894. Enquête.

Mais précisons bien quelles sont les opérations en vue desquelles il convient d'organiser le crédit. Ce n'est point la facilité d'acheter un fonds de terre qu'il faut procurer à l'agriculteur. En principe, l'affaire est pleine de risques, attendu l'exagération du prix de vente. Quelles évaluations excessives les contrats de mariage, notamment, ne donnent-il pas aux biens fonds? Après avoir donc emprunté à 4 ou 5 0/0 en vue d'acheter un domaine, il faudra emprunter, une seconde fois, pour se procurer les instruments aratoires, les semences sélectionnées, les engrais, ou, simplement, les améliorations diverses qui tentent, d'ordinaire, le caprice du nouvel acquéreur. Ajoutons qu'en bien des cas, le domaine a été vendu par un propriétaire besoigneux qui, faute d'argent, a dirigé son exploitation avec désordre et négligence. Dès le début, d'exceptionnelles dépenses sont nécessaires pour combler les vides des étables, arracher l'ivraie qui a envahi les champs ou renouveler quelques ceps de vigne. Un emprunt en appelle un autre, c'est la ruine à bref délai. Aussi, n'est-ce point la faculté d'obtenir un domaine longtemps convoité, que nous demandons pour le propriétaire, nous désirons simplement qu'on l'*aide à augmenter les produits de sa terre*. Notre étude ne s'occupe pas davantage de ces avances considérables, employées en travaux d'art, incorporées au sol, lentement transformées en plus value, et garanties, d'ordinaire, par le fonds lui-même. Cela est du Crédit foncier. Quand nous parlons du *Crédit agricole,* nous avons spécialement en vue ces avances de semences, d'outils, de remèdes contre les fléaux de la vigne, d'engrais, de petites sommes d'argent, qui se retrouvent, bientôt, sous forme de produits, et dont le remboursement est garanti, d'habitude, soit par un *gage mobilier,* soit par les *qualités morales* du débiteur. Ces avances constituent « le Capital circulant ou d'exploitation » et leur revenu dépasse largement le revenu du fonds. Celui-ci — en le supposant muni d'un matériel d'exploitation minimum — donne environ 2 0/0; le capital mobilier, au contraire, peut rapporter jusqu'à 10 0/0. C'est justement ce bénéfice que nous voudrions obtenir ou accroître partout. Et, pour en revenir aux exemples déjà cités, supposons une terre à peine entretenue d'engrais, un vignoble livré aux ravages du mildew, quel en sera le rendement? Très peu de chose. Mais à l'une apportons un large supplément de fumure, à l'autre donnons les remèdes que prône la science, et la rémunération de ces débours dépassera, de beaucoup, le revenu d'un fonds à peu près abandonné à sa fertilité naturelle. Faciliter ces débours et les avantages qui en résultent, est l'objet du Crédit.

Il a encore une autre utilité : Il permet d'attendre le moment d'une vente plus lucrative. Combien de fois le paysan, faute de numéraire, va-t-il offrir, à bas prix, son vin et son blé, dès le lendemain de la récolte! On sait quel est le résultat de ces offres hâtives : Le cours des denrées s'abaisse, les spéculateurs achètent en masse, et se préparent à ruiner le petit commerçant qui, dès le début, ayant demandé une moindre quantité, a payé plus cher. La culture et le petit négoce en patissent tout ensemble.

Supposons encore le propriétaire en quête d'un attelage, et dépourvu non point de tout numéraire, mais seulement d'une fraction du prix : C'est un cas très fréquent. Pour préciser, imaginons l'achat d'une paire de jeunes bœufs, au prix de 620 fr., dont 500 payés comptant, et le surplus à acquitter dans deux mois *sans intérêts*. L'hypothèse semble rendre inutile le recours au crédit.. Est-il besoin d'emprunter à un banquier, puisque, sur le marché même, le crédit est accordé sans condition? Sans nul doute, et cela est aisé à comprendre : si le propriétaire avait emprunté, à quelque banque rurale, 100 fr., pour deux mois, au taux raisonnable de 4 0/0 en vue de payer comptant son vendeur, celui-ci lui eut accordé un rabais de 20 fr. au moins. Le prix n'aurait donc pas dépassé 600 fr.; à cette somme, se seraient ajoutés les intérêts de 100 fr. à 4 0/0 pour deux mois, soit 0,80. L'emprunt aurait, ainsi, permis de réaliser une économie de 19,20 tandis que la majoration de 20 fr., en deux mois, sur le prix de vente, a déguisé, sous des apparences honnêtes, un prêt au taux usuraire de 120 0/0.

Nous avons dit quels gains pouvaient être obtenus, à l'aide du capital d'exploitation. On nous demandera, sans doute, pourquoi les intérêts de ce capital circulant, additionnés aux intérêts du capital foncier, n'élèvent pas, sensiblement, la somme totale du revenu agricole. Voici, à notre avis, la réponse décisive : Le fonds, les bâtiments, les travaux d'art représentent une valeur de beaucoup supérieure à celle du capital d'exploitation. Comment celui-ci, qui est bien moindre, pourrait-il relever, très sensiblement, l'ensemble des bénéfices? Mais, à mesure que nous augmenterons, dans la mesure utile, la proportion du capital circulant, alors, nous tendrons vers le maximum de produits et de gain.

V

Malheureusement, quand l'agriculteur veut emprunter, à des conditions modérées, l'argent avec lequel il achètera le capital d'exploitation, il trouve difficilement des prêteurs. Et nous ne parlons pas seulement du petit propriétaire; son discrédit s'explique par des raisons particulières que nous étudierons plus loin; nous avons, aussi, en vue le moyen propriétaire. Le commerçant et l'industriel ont recours aux capitaux qui proviennent du Commerce, de l'Industrie ou même de l'Agriculture; l'agriculteur, au contraire, a de la peine à alimenter son industrie avec l'épargne rurale. De toute part l'argent a été sollicité vers les grands centres et drainé dans les caisses des sociétés industrielles, l'Etat a concentré avidement, dans ses trésors, les milliards confiés par le public aux caisses d'épargne, et l'on ne peut songer, sans anxiété, à la banqueroute qui surviendrait, si les prêteurs réclamaient, en masse, leurs dépôts. Un bruit de guerre, la crainte d'une révolution, moins encore, une de ces paniques irrésistibles qui se propagent, soudain, aux heures d'inquiétude, comme la flamme d'un incendie, suffiraient cependant à amener ce désastre (1). L'éviter serait possible, si la loi française, à l'exemple des lois allemande, suisse, italienne, diminuait l'affluence des capitaux entre les mains de l'Etat, en accordant aux caisses d'épargne, moyennant certaines garanties, la faculté d'employer librement leurs dépôts.

Le 19 novembre 1889, M. Lockroy déposait sur le bureau de la Chambre, un projet de loi en faveur d'un régime intermédiaire entre la réglementation absolue et l'entière indépendance. Il demandait, pour les caisses d'épargne, le droit de placer leurs *dépôts* dans certaines fondations d'utilité publique, moyennant l'autorisation du ministre des finances, et, seulement jusqu'au cinquième de leur solde créditeur, à la caisse des dépôts et consignations. Ce projet n'a pas abouti. Le législateur a simplement autorisé les caisses d'épargne à employer le revenu de leur fortune personnelle et le cinquième du capital de cette fortune, en valeurs locales, pourvu que ces valeurs émanent d'institutions sises dans le département où les caisses fonctionnent. En ce cas, dans la première quinzaine de février, les caisses d'épargne adresseront au Ministre du commerce l'état des opérations de l'année précédente. Sur l'avis d'une commission supérieure, formée auprès de lui, le Ministre pourra suspendre l'exercice de ce

____

(1) En 1893, certains journaux arrivaient si bien à inquiéter le public qu'une loi spéciale dut être votée le 3 février 1893, pour y mettre ordre.

mode d'emploi (loi du 20 juillet 1895) (1). Les dépôts sont donc réservés à l'État.

Il serait utile, cependant, de jeter dans la circulation, et, spécialement, de rendre à la culture, au moins une part de cette immense réserve. Si l'on en juge par les dernières statistiques, la somme des dépôts à la caisse nationale et aux caisses privées d'épargne a considérablement augmenté. Le solde total dû aux déposants (2) serait, au 31 décembre 1891 de plus de 3 milliards 918 millions, et les trois quarts de cette somme représenteraient les économies des petites gens, une portion notable des salaires agricoles et une grande partie du produit net de la culture, qui est évalué, par M. de Foville, à cinq milliards et demi environ (3). Ramenons ces capitaux dans les contrées qui les ont créés, faisons-les servir à la production, non point dans des pays rivaux, mais dans leur pays d'origine, sous la surveillance des travailleurs qui les ont amassés. A cette fin, laissons les caisses d'épargne déverser, par divers canaux, le numéraire qu'elles ont reçu, consentir des prêts aux Sociétés coopératives de production, de consommation ou de crédit. Alors, les institutions locales, et, spécialement, les banques rurales pourront aisément se fonder; le cultivateur trouvera enfin près de lui, à des conditions modérées, l'argent que l'usurier lui loue, aujourd'hui, à un taux excessif. L'usure semble assez rare en France parce qu'elle se cache, mais si la surveillance de la loi pouvait pénétrer jusque dans le secret des conventions conclues, chaque jour, parmi les gens de la campagne, elle aurait à sévir plus souvent qu'on ne le suppose. L'usurier se garde bien de pratiquer au grand jour une industrie condamnée par le code pénal; l'emprunteur,

---

(1) *Officiel*, 6 août 1895.
(2) *Écon. français*, 16 mars 1895.
(3) *La France économique*, 1887.

de son côté, se dispense d'apprendre au public qu'il a besoin d'argent et surtout qu'il manque de crédit. A mesure que M. Durand implante en France les banques rurales, divers correspondants, dit-il (1), lui signalent les spéculations d'un bon nombre de petits escompteurs, empruntant à 3 1/2 pour prêter à 6 ou 8 0/0. Ils opèrent, non point avec leurs capitaux, mais avec une partie des sommes qu'ils encaissent au nom et sur l'ordre de quelques banquiers. Bien d'autres variétés de l'usure mériteraient d'être désignées aux sévérités de la loi. Elles disparaîtront, le jour où le cultivateur trouvera, près de lui, des prêteurs honnêtes, disposés à confier leurs épargnes, moyennant des conditions raisonnables, et refusant tout crédit à l'insolvable. Alors seulement, l'emprunt pourra devenir une opération avantageuse, laissant au débiteur un bénéfice, même après le remboursement du capital et le paiement des intérêts. Le crédit n'aura plus pour effet d'aggraver une situation déjà obérée, et d'amener en concours avec des créanciers honnêtes, quelque usurier muni d'un titre où ses droits sont faussement évalués au double; il deviendra pour le grand nombre, ce qu'il doit toujours être, nous voulons dire la faculté de travailler et de s'enrichir, avec les intruments d'autrui, en échange d'un juste loyer.

D'ailleurs, l'organisation du prêt à l'agriculture, par l'entremise d'un sérieux établissement de *crédit rural*, serait très utile au petit capitaliste lui-même. Les revers si multipliés des Sociétés financières l'ont rendu sage à ses dépens, et très indécis sur le choix de ses placements. S'il veut s'en tenir aux créances absolument sûres, il se résigne à ne recevoir qu'un intérêt modique (2) et ses revenus sont amoindris. Sans doute, il a parfois l'occasion de prêter sur hypothèque,

---

(1) *Bulletin des caisses rurales françaises*, juillet 1891.
(2) Cheysson, *La baisse du taux de l'intérêt*; Guillaumin, 1893.

à 4 0/0, mais trouve-t-il, quand il lui plaît, la garantie d'une solide hypothèque? La somme dont il dispose n'est-elle pas trop minime pour donner lieu à un contrat aussi coûteux? Enfin, lui est-il loisible d'immobiliser longtemps son épargne? Les titres de rente ou les dépôts à la caisse d'épargne sont ses placements usuels. Or, les titres de rente sont sujets aux fluctuations des cours. Achetés à un prix élevé, ils sont vendus, parfois, à un taux inférieur. D'autre part, la caisse d'épargne est autorisée à ne rembourser que par fractions. C'est encore un danger, car le petit capitaliste a peu de numéraire, et, s'il ne peut recouvrer le montant intégral de ses dépôts, au moment utile, il doit subir les charges d'un emprunt.

L'organisation du crédit agricole lui permettra donc des placements plus productifs. D'après quel modèle faudra-t-il fonder ces établissements de crédit? Nous étudierons plus loin cette question. Il nous suffit, pour l'instant, de rappeler combien il importe de répandre, sur les divers points du territoire, l'épargne publique, afin de seconder cette évolution économique dont nous avons parlé au début de notre étude.

L'Allemagne, l'Angleterre, la Belgique, l'Italie renouvellent les procédés de l'industrie agricole, à l'aide des capitaux ; la France ne doit pas rester en arrière. Son patrimoine rural serait déprécié d'autant plus vite qu'il est morcelé à l'extrême (1), et, plus qu'ailleurs, il a besoin du secours du crédit, car il est détenu par une majorité de petits propriétaires qui ont peu d'argent.

VI

On objecte, toutefois, que le cultivateur ne manque pas d'argent, et, l'on en donne comme preuve l'origine des dépôts à

---

(1) Foville, *Le Morcellement*, Guillaumin, 1885. — Gimel, *La division de la propriété*, 1883.

la caisse d'épargne. L'objection ne nous semble pas avoir une portée absolue.

Plusieurs dépôts, il est vrai, représentent un superflu de gains agricoles, mis en réserve pour l'avenir, mais ce n'est pas le cas unique. D'abord, il n'est pas donné à chaque agriculteur de mettre des économies en réserve. Les travailleurs malheureux, les gens de routine qui ne se soucient guère d'accroître leurs revenus à l'aide du capital d'exploitation, ceux qui négligent d'acquérir, avec les productions accessoires, la menue monnaie qui donne l'aisance, s'estiment heureux de balancer leurs dépenses avec leurs revenus. Pour la plupart d'entre eux, la caisse d'épargne est une banque privilégiée, où ils mettent, provisoirement, en valeur et en sûreté, une somme souvent modique, jusqu'au jour d'un achat ou d'un payement. Est-ce dire que cette somme suffira pour acquitter, en entier, cet achat ou ce payement ?

L'expérience prouve le contraire ; elle témoigne aussi que, même après avoir couvert complètement ses obligations, à l'aide exclusif des capitaux déposés à la caisse, le cultivateur peut avoir d'autres entreprises à tenter. Ici encore, l'emprunt sera utile. Maintenant, si de la classe rurale la plus humble et la plus nombreuse, nous passons à la moyenne propriété ; si, des agriculteurs démunis de capitaux, nous passons à ceux-là mêmes qui peuvent cumuler l'exploitation d'un domaine et les placements financiers, nous conclurons, de nouveau, à l'utilité possible du crédit. En effet, quand un propriétaire possède des titres de rente, il a, parfois, intérêt à retarder la réalisation de sa créance et à recourir à l'emprunt. Une hausse des cours est-elle probable ? Pourquoi se priver de cet avantage ? Si, au contraire, la baisse est survenue, mieux vaut attendre le relèvement de la cote. Dans les deux cas, ce propriétaire aisé qui semble pouvoir se passer de l'argent d'autrui sera sage de chercher un prêteur.

Il est une autre objection qu'on nous oppose, quand nous demandons le retour des capitaux dans les campagnes. Elle a été formulée notamment par MM. Barail et Sagnier, dans leur Dictionnaire d'Agriculture :

« Les cultivateurs, disent-ils, devraient borner leurs opérations au capital dont ils disposent. Quant à trouver des capitaux pour cultiver, lorsque on en est dépourvu, c'est là une chimère. On ne peut cultiver qu'avec les capitaux qu'on possède » (1). Nous avouons ne pas comprendre pourquoi un cultivateur qui obtient du crédit, à des conditions honnêtes, et en vue d'une spéculation prudente, se trouve, fatalement, dans l'incapacité de réussir, tandis qu'un industriel ou un commerçant aura des bénéfices. Un emprunteur, par cela seul qu'il sait donner aux prêts un emploi lucratif, mérite la confiance des capitalistes, et, si l'on en croit l'expérience, l'agriculteur peut, aussi bien que d'autres, trouver des gains sérieux, spécialement à l'aide du capital d'exploitation.

« On ne peut cultiver qu'avec les capitaux qu'on possède », dit M. Barail qui réédite, sans paraître y songer, une doctrine de J.-B. Say (*Cours d'économie politique*, I, p. 135).

Mais encore faut-il en posséder ! Si mes étables ne me fournissent pas assez d'engrais pour entretenir mon champ, faudra-t-il renoncer à l'ensemencer, faute de pouvoir lui rendre les éléments nutritifs qu'il a perdus, et serai-je moins avisé, si, par le crédit, j'obtiens l'excédent de fumure nécessaire à mon exploitation ?

La théorie de MM. Barail et Sagnier, mise en pratique, nous rendrait impossible toute concurrence avec les autres pays ; mais, plus encore, elle aboutirait à l'abandon d'une grande partie des terres cultivées. Le sol, morcelé entre une multitude de petits propriétaires sans capitaux, serait bientôt

---

(1) *Op. cit.*, t. II, p. 441.

en friche ; et le commerce du bétail, l'élevage, l'embouche, permis à ceux-là seuls dont la bourse est pourvue d'or, se réduiraient à un chiffre d'affaires insignifiant.

Peut-être encore ces divers économistes augurent-ils assez mal de l'usage du crédit dans les campagnes. Pour notre part, nous ne croyons pas à l'inaptitude obligée de l'agriculteur. « Ce sont les paysans, dit M. Baudrillard (*op. cit.*) qui ont su le mieux gérer leurs affaires depuis 1789 ; ils ont fertilisé le sol jusque dans les plus petits coins, et augmenté la plus-value de la petite propriété, dans une proportion supérieure à celle des domaines étendus ». Ils sont investis de tous les droits civils et du droit de suffrage, ils exercent une part de la souveraineté populaire, ils font eux-mêmes le choix difficile de leurs mandataires, et décident de la forme du gouvernement. Ce serait donc après leur avoir confié de si graves intérêts, qu'on les jugerait incapables de gérer leur lopin de terre? En droit, la capacité est la règle. On ne peut enlever, à la majorité des agriculteurs, les moyens d'accroître le gain de leur travail, sous prétexte de sauvegarder un petit nombre d'incapables. L'industrie et le négoce ne comptent-ils que des gens avisés, maîtres de l'avenir, sûrs de leurs calculs? Personne ne le soutiendrait. Le code de commerce a cependant, établi pour tous des rigueurs égales, sans s'inquiéter des moindres aptitudes ou des malheurs de quelques-uns. Quand une spéculation, à l'aide du crédit, se trouve possible, pourquoi distinguer, alors, entre le négociant et le cultivateur? Sans doute, le premier court la chance d'un gain plus considérable, mais il s'expose aussi à une ruine plus complète. Qu'on ne tienne donc pas l'ouvrier des champs sous une tutelle despotique, avec l'espoir de protéger contre lui-même l'incapable et l'imprudent. Celui-ci ne saura-t-il trouver, quand même et toujours, l'occasion d'une maladresse? Facilitons à chacun les moyens de multiplier les pro-

duits de son travail, mais, à chacun, laissons la responsabilité
qui lui revient, de droit, quand il se détermine librement.
D'ailleurs, serait-il impossible à une banque rurale de vérifier l'utilité du prêt; puis d'en contrôler l'emploi? Cette
double surveillance, en usage dans les caisses Raiffeisen,
comme nous le verrons plus loin, ressemble assez à la protection du conseil de famille sur le mineur. Elle remédie à
l'inexpérience du paysan, et l'aide à se familiariser, sans
danger, avec les opérations financières. Comme le commerçant et l'industriel, le paysan fera, lui aussi, son éducation
économique, par une pratique élémentaire mais progressive.

Il est donc permis de conclure aux avantages du crédit
agraire, ne négligeons pas ce moyen, entre mille, de fixer aux
champs l'agriculteur qui accepterait d'y vivre et d'y travailler toujours, s'il y trouvait une rémunération suffisante de sa
peine. Ce n'est point par coutume ou par tempérament qu'il
va disputer aux ouvriers des grandes villes une place dans
les chantiers, un morceau de pain dans les bureaux de bienfaisance, un rôle malfaisant dans une bande de révoltés (1).

Sa vie, besogneuse et frugale entre toutes, mérite le secours
des institutions et des lois. Est-il besoin, pour finir, de rappeler les effets moralisateurs du crédit? Fidélité aux engagements, esprit d'initiative et d'épargne, émulation, et désir de
mériter la confiance des prêteurs, tout cela n'en est-il point
la conséquence naturelle?

---

(1) Dépopulation des campagnes : *Officiel*, 11 juin 1892 et *Economiste français*,
9 septembre 1893. Il faut avouer, cependant, que, même dans les pays où le crédit
est le mieux organisé, comme en Allemagne, l'émigration vers les villes est en
progression. Cf. *Revue Britannique*, octobre 1893. Signalons le vœu du conseil
général de la Haute-Vienne (avril 1895) d'après lequel l'aîné de cinq enfants
appartenant à une famille rurale qui paye un impôt foncier inférieur à 30 fr., serait
dispensé de 2 ans de service militaire, s'il s'engageait à rester 10 ans à la campagne, comme ouvrier agricole.

VII

Dès le début de notre étude, une étrange question nous arrête :

Y a-t-il vraiment un *crédit agricole ?* « Le crédit est un, dit l'Ecole anglaise, il est toujours régi par la loi de l'offre et de la demande, par les variations du cours, il sera réel ou personnel, mobilier ou immobilier ; en un mot, ses règles sont unes ». Sans doute, le crédit n'est pas multiple, répondrons-nous ; il consistera, toujours, dans la « permission d'user du capital d'autrui », selon la définition de Stuart Mill (*Econ. pol.*, II, 'p. 31), et jamais on n'éludera certaines lois permanentes qui le régissent :

Ainsi, le cultivateur ne pourra trouver de prêt s'il n'offre des garanties ; de même, le crédit se dirigera vers l'opération la plus lucrative et la plus sûre. Nous reconnaissons encore, à l'encontre de quelques auteurs, que les classes rurales n'obtiendront pas de capitaux, si elles ne peuvent les rémunérer au cours du marché :

Etablir, à leur profit, un taux plus élevé, équivaut à éloigner des campagnes le numéraire, à moins qu'on ne compte, pour l'y retenir, sur des considérations de patriotisme et de bienfaisance. L'on sait qu'elle influence peuvent avoir, sur les opérations financières, de pareils sentiments : L'intérêt sera toujours l'âme des affaires. D'ailleurs, l'agriculture n'a nul besoin d'un taux de faveur, ce nous semble. Le capital d'exploitation — celui-là seul que nous voulions lui procurer à l'aide du crédit — donne des revenus suffisants pour permettre au cultivateur de payer le taux normal. Peut-être l'agriculteur aurait-il, même, la facilité de souscrire des engagements plus onéreux qu'on ne le suppose. En effet, l'industriel et l'homme de négoce, ayant besoin de capitaux plus considérables, sont tenus de calculer, avec la dernière précision, le taux de l'intérêt qu'ils peuvent payer, puisque le moindre écart se traduirait par une différence considérable sur la somme totale de l'emprunt. Il n'en est pas de même de l'agriculteur. Les emprunts sont, en général, modiques, et vingt-cinq centimes de plus ou de moins, sur chaque centaine de francs, ne seront pour lui, ni une aggration ni un allègement sensibles.

De plus, l'industriel et le négociant, prévoyant, avec exactitude, le chiffre de leur gain à venir, peuvent le limiter à des proportions relativement modestes. Ils examinent, alors, de plus près, le taux de l'emprunt, et cherchent à l'obtenir aussi réduit que possible. Le fabricant d'étoffe, par exemple, sait le nombre de fils qui composent son tissu, il connaît le prix des matières premières, le coût de la façon, il a compté, avec rigueur, le prix auquel revient un mètre d'étoffe; il peut dire d'avance, avec une quasi-certitude : « Je gagnerai telle somme ». Il est donc sûr de pouvoir souscrire, sans inquiétude, telles conditions d'emprunt, mais il refusera d'en souscrire de plus onéreuses. Au contraire, il est impossible à l'agriculteur de prédire, si en empruntant à 4 %, en vue d'acheter un attelage, il lui restera un gain suffisant, et s'il subira un préjudice en payant 4 1/2 % d'intérêts. Sait-il s'il a plus d'avantage à vendre le foin de ses prairies ou à le faire consommer ? De même, quand il achète des engrais, il ignore dans quelle proportion la récolte sera accrue. Aussi, pour plus de sûreté, l'agriculteur prudent ne recourt au crédit, et ne tente une spéculation que s'il espère une rémunération très large.

Impuissant à préciser d'avance la proportion de ses bénéfices, il a, du moins, choisi une entreprise qui lui donne l'assurance d'un gain sérieux, et, puisque le capital reçoit un emploi aussi lucratif, puisque son rendement dépasse, dans d'aussi grandes proportions, le taux des intérêts stipulés, qu'importe de payer 4 1/2 au lieu de 4 % ? L'agriculteur peut donc louer, à haut prix, l'argent des capitalistes, au moins autant que le négociant et l'industriel. A cet égard encore, il n'y a pas lieu de classer, sous une rubrique spéciale, le crédit rural.

Mais, ces concessions faites à l'École anglaise, hâtons-nous de remarquer combien varie la destination des prêts.

On prête à un commerçant, à une Société industrielle, à un ouvrier agricole, à un homme du monde qui vit de ses rentes, autant d'activités dissemblables par leur nature et par les conditions où elles se produisent. C'est justement cette multiplicité de destination qui différencie le crédit en espèces.

En accordant le prêt, on doit, fatalement, tenir compte de la forme particulière que revêt le travail, des lois économiques ou naturelles qu'il subit, et varier en conséquence soit le délai du remboursement, soit le choix des garanties, pour ne citer que ces deux exemples. Ainsi, le commerçant peut, à brève échéance, se libérer de ses emprunts, grâce aux recettes que lui apporte le mouvement continuel de ses affaires, et trouver promptement, à la place d'un capital déboursé, un capital qui rentre. L'agriculteur ne connaît pas ce jeu incessant d'avances et de débours qui s'entremêlent. Avant de reconstituer le capital, il est tenu d'attendre la saison immuable des récoltes, ou le moment opportun d'une vente.

D'où il suit que son emprunt doit être à longue échéance (1). De même, s'il achète à crédit un outillage perfectionné, il paiera sa dette avec les économies *successives* qu'il réalise, lentement, sur la main d'œuvre ; s'il commence, en mars, l'engraissement de ses bœufs, il ne l'achèvera qu'en septembre. Le délai ordinaire de 90 jours ne lui suffit donc pas. Il n'a point les facilités du « DÉTAILLANT » qui, achetant 100 kilos de sucre, les débite au jour le jour, et en recouvre le prix avant même l'échéance du billet.

---

(1) *Contra :* Touillon, *Le crédit agricole.* Thèse, Paris, 1893, p. 237.

Ce n'est pas là l'unique différence. L'homme de négoce est plus ou moins connu des banquiers. L'agriculteur, au contraire, a bien rarement abordé les guichets, et si, quelque jour, il vient solliciter un prêt, son nom, entièrement inconnu, n'apprend rien sur sa probité ou sur l'état de ses affaires. En d'autres termes, les banques ordinaires suffisent au commerçant, mais l'agriculteur a besoin d'institutions locales, exactement renseignées sur sa solvabilité; il faut une organisation particulière du crédit agricole (1). Ce sont là des différences notables, elles justifient assez le titre même et le fonds de cette étude.

____

(1) Nous ne faisons pas valoir que le commerçant a un instrument particulier de crédit, puisque l'agriculteur et le rentier peuvent s'approprier cet instrument, et tirer des lettres de change, souscrire des billets à ordre.

CHAPITRE II

I

Selon quel type faut-il organiser les Banques rurales? Cette question doit être résolue, non par l'application d'une théorie conçue d'avance, mais après l'examen de la situation des agriculteurs en France. Il ne s'agit pas de fonder une banque quelconque et d'attendre la clientèle. Il faut adapter l'institution aux besoins particuliers de ceux qu'elle vient secourir, et, pour cela, bien connaître cette classe d'individus. Tout d'abord, à qui le crédit fait-il défaut ? Au grand propriétaire? Non, évidemment. Celui qui a de riches domaines trouve aisément des prêteurs. Les banquiers le connaissent et les capitalistes s'empresseront de lui confier leur épargne, car ils trouvent chez lui des garanties de premier ordre. Sa solvabilité est solidement établie et ne peut disparaître entièrement d'un jour à l'autre; sa grande situation mondaine est, en quelque mesure, un garant de sa probité; il sait à quoi l'oblige sa signature; il se rend compte du préjudice que causerait à son créancier un paiement trop tardif, enfin, il a l'expérience des affaires. Inutile de fonder, en sa faveur, des institutions spéciales; les Banques ordinaires suffisent à ses besoins, et, pour lui la question du crédit est toute résolue.

Le petit propriétaire et le fermier n'en sont point là. Il est peu d'emprunteurs dont on se défie davantage, il en est peu dont les aptitudes et les garanties soient, quelquefois, plus suspectes :

Voici un solliciteur qui a l'air d'un honnête homme, pensera le rentier, mais saura-t-il faire valoir le capital qu'il me demande? Son entreprise est-elle bien sûre? Il veut acheter un attelage, mais va-t-il l'entretenir en bon état, et, surtout, le revendre au bon moment, avant la baisse des prix? Bien plus, a-t-il l'intention d'employer le prêt, à l'usage qu'il a indiqué? Les gens besoigneux n'empruntent guère pour spéculer, ils veulent acquitter d'anciennes dettes, payer un fournisseur qui se refuse à leur faire crédit plus longtemps, ou bien satisfaire, aux dépens du prêteur, quelque fantaisie coûteuse. Il ne paraît pas que ces sortes d'emprunts laissent de grands bénéfices, même au débiteur qui se dispense de les rembourser. C'est pourquoi le capitaliste s'informe si l'argent est destiné à quelque usage productif. Est-il certain, cependant, d'obtenir une réponse véridique? Le solliciteur se garde bien de donner des indications qui équivalent à un aveu d'insolvabilité.

Sans doute, le petit négociant peut inspirer de pareils soupçons, mais à un degré bien moindre. Son nom est assez connu, on sait si sa clientèle est nombreuse, on a lieu de penser qu'il ne court pas de grands risques et que sa fortune, du moins, échappe aux intempéries des saisons, à la grêle, à la gelée, à tous les fléaux, enfin, qui menacent la richesse agricole. Il paraît moins gauche aux affaires que le rural, il parle « billet à ordre, commission, renouvellement... »; il est le familier des escompteurs de l'arrondissement, et, s'il n'a pas de grands biens, s'il ne possède pas même le patrimoine du petit propriétaire, il est du moins censé gagner par son négoce, plus que le paysan sur son

domaine, et, grâce au roulement continu de ses affaires —
roulement auquel ne peut prétendre le cultivateur, — il a la
facilité de compenser les pertes d'hier avec ses gains d'aujourd'hui. Sous ces divers aspects, la situation de l'agriculteur est, évidemment, moins favorisée. Elle paraîtra moins
avantageuse encore, si nous la considérons au point de vue
que voici : Admettons qu'il ait des biens suffisants et francs
de toute charge ; la régularité de son paiement, est-elle néanmoins, assurée? S'il s'agit d'un fermier, le maître l'a habitué, par complaisance, à différer le terme de sa libération,
et s'il s'agit d'un propriétaire, l'usurier a facilement pro-
longé ce délai. De pareils accommodements n'habituent pas
à une extrême rigueur, et, bien que la *Société du Crédit
agricole*, créée par une loi du 28 juillet 1860, n'ait subi
aucun préjudice par le fait des ruraux (1), bien que ceux-ci
puissent être comparés, si l'on en croit M. Josseau (2), à la
meilleure clientèle industrielle et commerciale, on peut craindre, cependant, que tel agriculteur, en particulier, fasse
exception à la règle.

Voilà pourquoi, si le rentier consent à prêter son argent,
il ne manquera pas de faire le calcul des risques, et d'alourdir
les charges de l'emprunt, jusqu'à les élever au taux usuraire.
Mais, s'il veut s'assujettir aux perquisitions d'un limier de
police, il les trouvera incommodes, et sans proportion avec
les bénéfices modérés du placement. En fait, il aimera mieux
prêter à une autre classe de solliciteurs, il achètera des actions de Sociétés industrielles, il confiera son argent à l'État.

II

Moins encore que les capitalistes, les banquiers accorde-

---

(1) Josseau, *Traité du Crédit foncier*, II, p. 414.
(2) *Ibidem*.

ront au petit agriculteur des prêts acceptables. « Que nous importe, diront-ils, cette petite clientèle éparse dans la campagne? Pourquoi lui donner notre temps et notre argent? Elle fait de trop modestes affaires! » Le banquier veut des bénéfices, il en a besoin pour payer les intérêts de ses dépôts, distribuer des dividendes, suffire aux comptes-courants. Ce n'est plus un rentier qui cherche un placement sûr, à un un taux modéré, c'est un commerçant à la recherche d'un gain. Or, les prêts agricoles, émiettés entre une quantité de paysans, exposent le banquier à bien des risques et à des gains médiocres. Mieux vaut confier l'argent à un seul débiteur, que le diviser entre cinq ou six cultivateurs inconnus. La surveillance sera plus facile, et les revenus s'élèveront dans la mesure où croîtra l'importance de l'entreprise.

D'ailleurs, que faire du papier agricole? S'il était souscrit pour un délai de trois mois, comme le papier des négociants, il serait acceptable à la rigueur. La réalisation en serait possible, au terme maximum fixé par la Banque de France, et les escompteurs auraient la ressource de transmettre ce papier à notre premier établissement de crédit. Celui-ci, qui est l'escompteur suprême et définitif, le garderait, sans peine, jusqu'à l'échéance, puisque, par l'émission, il se procure, sans frais, des capitaux. Mais, justement, les avances apportées au sol ne se retrouvent qu'après une assez longue période, et, pour l'agriculteur, le délai de trois mois, avons-nous dit, est encore trop court. Sans doute, il resterait à la disposition du cultivateur un expédient facile, le — *renouvellement* —, si le renouvellement ne se payait aussi cher, s'il ne donnait lieu à une nouvelle commission, s'il n'alourdissait les charges de la dette. Que l'emprunteur essaye d'obtenir, pour le délai entier de neuf mois, l'argent dont il a besoin, il économisera les frais des deux renouvellements. Nous verrons, plus loin, s'il est possible à une banque de consentir des prêts à aussi long tèrme. Disons, dès maintenant, que le problème nous semble avoir été résolu par les Caisses Raiffeisen.

Quelques auteurs, avouons-le, refusent de se rallier à nos conclusions et pensent que les banques ordinaires suffisent à distribuer le crédit agricole (1). On voit des banquiers, disent-ils, prêter aux fermiers, moyennant l'intervention du maître, et confier leurs capitaux à de petits propriétaires, moyennant une caution ou un dépôt de titres. Nous répondrons que cet usage est une exception. Le bailleur garantira bien rarement les emprunts de son fermier car, il lui suffit d'être exposé déjà à ne pouvoir toucher le prix du fermage. Il n'est pas fréquent, non plus, qu'un petit propriétaire ait à sa disposition des titres de rentes, fut-ce simplement pour les mettre en dépôt. D'ailleurs, les banquiers n'accordent cette faveur qu'à des agriculteurs très connus et, en quelque sorte, populaires, dans la région, par le succès de leurs affaires, la tenue de leur domaine, leur présence habituelle aux diverses foires.

III

C'est ainsi qu'on a vu la Banque de France donner l'accès de son portefeuille à des effets souscrits par les emboucheurs de la Nièvre. Deux d'entre eux cautionnent un troisième, et endossent un effet que la Banque accepte à l'escompte, en consentant jusqu'à trois renouvellements.

A la fin de la saison d'embouche, le papier se trouve gagé par les bestiaux prêts à être abattus, et la dette sera acquittée avec une portion du prix de vente.

C'est en 1867 que M. Giraud, directeur de la succursale de Nevers, fut autorisé à recevoir les billets signés par trois emboucheurs, *notoirement solvables*. Antérieurement, l'entre-

---

(1) Belin, *Du crédit agricole mobilier*. Thèse, Paris, 1890.

mise d'un banquier était nécessaire, puisque, d'après les coïtditions exigées par la Banque de France, l'une des trois signatures doit être celle d'un commerçant. L'autorisation donnée en 1867 a donc eu pour effet d'assimiler les emboucheurs à des commerçants.

Aux auteurs qui ont la prétention d'étendre ce système de crédit à tous les agriculteurs, nous ferons observer que, seuls, les emboucheurs *notoirement solvables* sont admis à l'escompte de la Banque de France. Celle-ci accorde un privilège à de riches fermiers, privilège coûteux, il faut l'avouer, car, s'il dépasse le terme maximum de 90 jours, c'est moyennant les frais de deux ou trois renouvellements. Il est d'autant moins accessible à la masse des agriculteurs, que la Banque de France n'encaisse pas à domicile. Le paysan devrait donc perdre une journée pour aller à la succursale ou à la ville qui lui est rattachée. Parfois il serait obligé d'entreprendre un véritable voyage. L'inconvénient pourrait s'atténuer, il est vrai, mais ce qui subsistera toujours, c'est la difficulté de bien connaître et de suivre de l'œil, à chaque instant, la fortune et la probité de l'emprunteur. Les plus savantes théories échoueront contre cet écueil, et, si l'organisation du crédit agricole est un problème difficile, la difficulté consiste, précisément, à discerner, parmi les cultivateurs, ceux à qui l'on peut prêter avec sécurité.

IV

On vante aussi les procédés des banques d'Ecosse, et l'on demande aux banques françaises de les imiter. En Ecosse, ce sont les banques ordinaires qui distribuent le crédit à l'agriculture, en même temps qu'à l'industrie et au commerce. Elles y peuvent suffire, à raison de leur nombre et de leur diffusion. On compte dix banques et 966 succursales, tandis que chez nous la Banque de France n'a pas toujours une succursale dans chaque département. La méthode usuelle est le « *Cash account* » (compte de caisse) ou crédit modique accordé pour trois mois, et renouvelable par tacite reconduction.

Il est ouvert à tout agriculteur solvable qui présente deux cautions, exactement comme la Banque de France escompte le papier commercial revêtu de trois signatures. Le titulaire dispose du *cash account* comme il lui plaît; il prélève, à son choix, la fraction dont il a besoin, ou la somme tout entière, mais il ne paye d'intérêts que sur le solde dont il est débiteur. A tout instant, le banquier peut fermer le compte, et cette éventualité met le débiteur en garde contre la négligence. Les agriculteurs peuvent aussi faire usage des comptes-courants à découvert, et comme, à l'origine, les comptes-courants n'étaient accordés que si les clients s'engageaient à faire leurs recouvrements et leurs paiements par l'entremise de la Banque, les agriculteurs écossais ont pris l'habitude de payer en banque, de tirer des traites sur leurs banquiers, et de s'adonner aux opérations financières.

C'est dire que seuls les agriculteurs aisés et instruits recourent à ces institutions. Elles ne sont ni accessibles ni utiles au paysan. Il faut avoir un roulement d'affaires et de capitaux supérieur à celui du petit propriétaire, pour demander une ouverture de crédit et de compte-courant. Si ce système a réussi en Ecosse et en Angleterre, c'est grâce à la culture intensive, à l'aisance et à l'instruction de la plupart des fermiers. « Les fermiers d'Outre-Manche sont, le plus souvent, dit M. Durand, de véritables industriels, qui entreprennent l'exploitation d'un domaine, comme d'autres entreprennent l'exploitation d'une usine. Ils disposent de capitaux relativement importants. Propriétaires ou locataires sont, le plus souvent, dans une situation de fortune qui leur permettrait l'accès des banques sur le continent ».

Il est donc certain que le *cash account* ne serait pas, en

France, une solution du crédit rural. Même dans la Grande-Bretagne, il n'apporte aucun secours à cette classe qu'on pourrait appeler le Prolétariat agricole (1). Il ne peut servir qu'aux propriétaires aisés, aux riches fermiers, en un mot à une minorité, et c'est dans ce sens que M. L. François a dit : « Il n'y a aucune Banque, en Ecosse, à laquelle on puisse appliquer le titre de Banque agricole » (2).

Importer en France le procédé du *cash account* servirait à ceux-là mêmes qui, aujourd'hui, manquent le moins de crédit. Or, ce n'est pas d'eux qu'il faut s'inquiéter. Quand nous parlons d'organiser le crédit rural, nous pensons aux petits agriculteurs. Nous avons dit combien il leur est difficile d'emprunter à un taux honnête, et, cependant, combien l'emprunt leur est nécessaire. Plus la crise est ruineuse et persistante, plus il importe aux moins fortunés d'accroître ceux de leurs bénéfices qu'il leur est possible d'augmenter. Mais expliquons-nous bien : ce ne sont pas les endettés, les gens à bout de ressources, que nous voulons secourir, comme par une aumône, nous désirons seconder, moyennant une rémunération juste et modérée, le travail du bon agriculteur qui s'efforce d'équilibrer ses dépenses avec ses revenus, et cultive avec moins de profit, faute de mieux cultiver. Là doit tendre toute institution de crédit rural. La conséquence de cette opinion sera-t-elle de réserver au très petit nombre le bénéfice du crédit? Nous ne le pensons pas. L'agriculture est représentée chez nous par une majorité de petits domaines : 80 0/0 des exploitations sont cultivées par les propriétaires eux-mêmes, et le nombre de ces propriétaires exploitant directement dépasse de moitié celui des fermiers et des métayers. Enfin 75 0/0 des

---

(1) Wolff, *People's Banks.* Du même auteur, *A defense against sweating.* — Cf. aussi Actes du sixième congrès des banques populaires, 1894.

(2) *Revue d'économie politique,* décembre 1893.

ouvriers agricoles ont aujourd'hui un petit lopin de terre qu'ils font valoir à leurs heures de chômage (1). M. Block a dressé un tableau, d'après les derniers documents publiés par l'administration des finances, pour l'année 1882; il constate une faible diminution des colons et des journaliers, mais un accroissement notable des propriétaires. La propriété foncière tendrait, par conséquent, à se répartir entre un plus grand nombre de mains. Puisque le territoire est aussi morcelé (2), morcelons aussi le crédit, rendons-le accessible à cette multitude d'inconnus qui se partagent le patrimoine rural de la France, ce sera le rendre accessible à l'agriculture tout entière.

<h3 style="text-align:center">V</h3>

Résumons-nous : Le petit agriculteur obtient difficilement l'argent des capitalistes; il n'aborde guère les guichets des banques ordinaires et de la Banque de France, mais, si, parfois, son papier y est admis, ce n'est que pour la durée de trois mois. Les frais — variables d'ailleurs — de plusieurs renouvellements viennent donc s'ajouter aux conditions assez onéreuses de l'emprunt. Enfin, les procédés des banques écossaises ne profitent qu'aux agriculteurs déjà pourvus de crédit.

Devons-nous conclure qu'il est impossible d'organiser le crédit rural par des banques? Ce n'est pas notre avis.

Quel intermédiaire les remplacerait? Un courtier? Un notaire? Mais, ceux-ci, le plus souvent, reçoivent mandat de placer, intégralement, une somme déterminée, et non de la répartir entre plusieurs obligés, au jour le jour. En effet, plus une dette se divise, plus il faut de temps et de formalités, avant d'en réaliser le remboursement.

---

(1) Cauwès, I, p. 517 et III, p. 60. — V. aussi *Economiste franç.*, 9 mars 1885.
(2) Foville, *Le morcellement*, 1883.

Le courtier et le notaire n'auront, par conséquent, la liberté de consentir un prêt, que si le chiffre de la demande coïncide, par hasard, avec la valeur du capital disponible.

En la plupart des cas, il n'y faut pas compter. C'est donc à l'entremise d'une banque, nécessairement, que l'emprunteur doit recourir. Mieux qu'un notaire, et avec un soin plus exclusif, elle s'adonnera à cette tâche; mieux qu'un courtier elle obtiendra, à l'aide de sérieuses garanties, la confiance des prêteurs; son nombreux personnel suffira à une occupation qu'un seul homme ne saurait aisément entreprendre; de divers côtés, l'épargne viendra se concentrer dans sa caisse, et grâce à l'entrée continue du numéraire, le banquier aura les moyens de rendre à chaque déposant, au jour fixé, une somme représentant l'intégralité de son apport.

Cependant, comment créer une banque rurale sur un type nouveau, de façon à remplacer utilement les banques ordinaires, par un organe mieux approprié à sa fonction?

Quand il prie le rentier de lui confier son argent, en retour d'un juste loyer, l'agriculteur, avons-nous dit, demande un service qu'obtiennent seuls, d'ordinaire, les gens offrant de solides garanties et déjà pourvus d'un certain patrimoine, c'est-à-dire les seuls capitalistes. Or, il est un moyen pour les humbles de devenir capitalistes. C'est l'association (1). Déjà, par ce moyen, ils se sont affranchis de la tutelle du patron; et, de salariés devenant producteurs, au sens complet du mot, ils ont pu garder la totalité du bénéfice. Par l'association encore, ils se sont délivrés des intermédiaires qui s'enrichissent aux dépens du producteur et du consommateur; ils ont acheté, en gros, les denrées que les maisons de commerce, munies de capitaux considérables, se procurent en

---

(1) Congrès de l'alliance coopérative intern. tenu à Londres en août 1895. *Revue d'Econ. pol.*, octobre 1895.

grande quantité et à moindre prix; c'est aussi par le groupement qu'ils réuniront un ensemble suffisant de garanties, et qu'ils obtiendront la confiance des prêteurs. Récoltes prochaines, champs fertiles, travail assidu, santé robuste, économie, voilà des richesses assurément, mais richesses fragiles, si on les considère chez tel agriculteur isolé. D'ailleurs celui qui les possède est inconnu, rien ne prouve au capitaliste que ce travailleur est honnête, qu'il ne boira pas au cabaret l'argent destiné à une opération lucrative, qu'il vivra assez longtemps, et en pleine santé pour mener à bonne fin son exploitation.

Mais, vingt ou cinquante cultivateurs, isolés comme lui, vont s'associer avec lui, et, afin de rassurer les prêteurs, ou bien ils constitueront un petit capital, ou bien ils s'engageront sur tous leurs biens et solidairement l'un pour l'autre.

Au premier cas, l'apport de chaque sociétaire est en argent. En possession de ce capital destiné à devenir la garantie des prêteurs, en même temps qu'un fonds de roulement, la Société convie les rentiers à lui apporter, le numéraire qu'ils veulent placer. Un associé sollicite un emprunt : à quelles conditions l'obtiendra-t-il de ses confrères? D'abord il précisera la destination de cet emprunt, il s'astreindra à ne le recevoir que dans la limite d'un maximum déterminé, enfin, il fournira une caution. Seuls, les *sociétaires* seront admis à bénéficier du crédit collectif. Si quelque agriculteur aspire à jouir de ce titre, il devra accepter les conditions que nous venons d'énumérer, et prendre un coupon d'actions. La reconnaissance de dette souscrite par un *emprunteur*, puis par sa caution, sera encore signée par la Société, et présentée à la Banque de France si le numéraire est insuffisant. En échange, celle-ci comptera à la Société la somme demandée, et la Société transmettra cet argent à l'emprunteur, en majorant le taux de l'intérêt. Cette majoration, au profit du groupe, servira à constituer un fonds de réserve. Au bout de trois mois, le papier sera renouvelé.

C'est là le fonctionnement des banques mutuelles à capital social. Spécialement, c'est ainsi qu'est organisée la Société de crédit, fondée à Poligny en l'année 1881, par le syndicat agricole de cette ville; c'est encore celui des banques de Besançon, Meaux, Coulommiers, Saint-Florent-sur-Cher et Genlis. Ajoutons que dans les Sociétés de crédit mutuel organisées dans ces diverses villes, les actionnaires se divisent en deux classes : 1° Les bienfaiteurs, c'est-à-dire les titulaires d'actions entières, qui s'interdisent, non seulement de recourir à l'emprunt, mais de prélever plus de 3 0/0 de dividende quand les revenus disponibles dépassent ce taux ; 2° Les porteurs d'une fraction d'action, admis à recevoir des prêts et à toucher des dividendes non limités. C'est vraiment pour cette dernière catégorie qu'est fondée la Société.

Nous ne contesterons pas les services que rend le « Crédit mutuel » de Poligny. En 1894, ses prêts se sont élevés à 200,000 fr., et, dans l'espace de huit années, ils ont atteint la somme de 704,000 fr. Le succès se continue chaque jour; de 21,000 fr., le capital a été porté à 48,450, et, grâce au choix sévère des associés, pas un effet n'est resté impayé, pas une perte n'est venue décourager l'intelligente direction de M. Bouvet, administrateur de la banque (1). Cette prospérité s'explique aisément : Quand la Société a examiné la solvabilité et les qualités personnelles d'un solliciteur, quand elle a, en outre, exigé l'intervention d'un garant, et vérifié l'emploi du capital prêté, elle a réuni bien des conditions de succès. Les capitalistes, rassurés, ne craignent pas de confier leurs épargnes à un groupe d'élite; certains, d'ailleurs, que l'actif social et la réserve garantissent, au moins en partie, le rem-

---

(1) *Journal d'agriculture pratique*, 10 mai 1894.

boursement de chaque créance. Les banques mutuelles, sous forme de Société à capital variable, passent donc, à juste titre, comme de bons instruments de crédit rural. Il nous semble, cependant, qu'il est possible de trouver une institution plus parfaite et répondant mieux encore aux besoins des plus paùvres agriculteurs. Ceux-ci, en effet, ont parfois quelque difficulté à prélever, sur leurs maigres revenus, l'apport qui doit servir à la formation du fonds social; et si, grâce au concours de riches bienfaiteurs, titulaires d'actions entières, l'apport des petites gens peut se réduire jusqu'à n'être plus qu'une coupure modique, il reste toujours, chez le paysan, une instinctive répugnance à se démunir de son argent. Les revers des Sociétés industrielles, les faillites des banquiers, la fuite de plus d'un notaire, ont ajouté à sa défiance naturelle. Quand il donne une pièce d'or au secrétaire de la Société, il se demande, avec inquiétude, s'il la reverra jamais. Notez, d'ailleurs, qu'il reçoit en retour, non point une marchandise, un objet réel et palpable, mais simplement l'espérance d'un dividende et d'un modique intérêt, puis la promesse d'un service qu'il n'aura peut-être pas l'occasion de réclamer souvent.

Pour ouvrir un plus large accès au paysan et rassurer sa défiance, on pourrait, il est vrai, diviser les coupures en plus petites fractions, mais l'expérience a prouvé l'insuffisance de ce procédé. Le capital de la Banque mutuelle de Poligny se compose de 40 actions de fondateurs, et de 569 coupures; la valeur de ces coupures est de 50 francs, dont le quart seulement est versé : c'est dire que les statuts ont abaissé la valeur des parts au chiffre minimum. Néanmoins, d'après le témoignage même de M. Bouvet (1), bon nombre de paysans hésitent encore à verser la somme infime de 12 fr. 50. Aussi les

---

(1) *Bulletin des caisses rurales*, mai 1894.

administrateurs de la Banque, désireux d'organiser le crédit, sans parti pris et sans égoïsme, ont-ils disséminé, dans les campagnes, de petits établissements modelés sur un type qui diffère entièrement de la Société anonyme.

Ces établissements de crédit sont des Sociétés mutuelles en nom collectif. On les désigne, plus spécialement, sous le nom de caisses rurales. C'est de ces caisses rurales qu'il nous reste à parler.

VI

Déjà nous avons dit plus haut qu'une association d'agriculteurs pouvait offrir aux déposants deux sortes de garanties ; 1° ou bien un capital social (et nous venons justement de nous expliquer sur ce point); 2° ou bien, à défaut d'un capital, la responsabilité indéfinie et solidaire des associés. Examinons ce second système.

Si les agriculteurs, désireux de former une Société coopérative de crédit, répugnent à se dépouiller d'une somme destinée à la constitution d'un fonds commun, ils décident que la Société n'aura pas de capital, et, alors, ils s'engagent solidairement, sur tous leurs biens, l'un pour l'autre.

Ici, plus encore que dans la Société anonyme, les associés sont intéressés à n'admettre, dans leurs rangs, que des hommes particulièrement honnêtes et rangés. En effet, dans la Banque, selon le type de Poligny, les sociétaires perdent uniquement une part de l'actif social, c'est-à-dire leur apport, au cas où certains d'entre eux se trouvent insolvables ; tandis que les membres des « caisses rurales » à responsabilité indéfinie et solidaire, peuvent payer de tout leur patrimoine la faiblesse ou la négligence dont ils auront fait preuve en acceptant des dissipateurs comme confrères, et en leur accordant un emprunt. Aussi, se sachant obligé de payer, intégralement, toute dette que les autres ne pourront acquitter, chacun d'eux ne manquera pas de s'enquérir, sérieusement, des qualités personnelles de quiconque sollicitera un prêt, et chacun voudra s'assurer que le capital demandé recevra un emploi productif. Les capitalistes, les déposants peuvent donc se reposer, sur les sociétaires, des enquêtes et des précautions auxquelles donne lieu un emprunt agricole. Voilà une première difficulté écartée. De plus, ils ont la certitude de trouver une somme de garanties égale aux sûretés que seuls les riches peuvent offrir. Leur créance repose, non plus sur un fonds social d'une valeur limitée, mais sur un ensemble de domaines, de bestiaux, de récoltes, d'outillage, qui équivaut, par son importance, à la fortune d'un riche propriétaire. Si deux ou trois associés ne peuvent acquitter leurs dettes, si, même, ils deviennent entièrement insolvables, les patrimoines réunis des autres sociétaires et de la caution suppléeront à la ruine du petit nombre, et, lors même que *tous* les associés, recrutés, avons-nous dit, avec une stricte rigueur, seraient, par impossible, dans l'incapacité de faire honneur à leurs engagements, les prêteurs réaliseraient encore au moins une part de leurs droits. Car il est usuel de fixer, dans les statuts, une proportion déterminée entre la somme des emprunts et la valeur totale des garanties, de telle sorte que l'ensemble des biens dépasse toujours le chiffre des emprunts additionnés. Solidité des garanties et notoriété des qualités personnelles, voilà donc les avantages qu'obtiennent, plus particulièrement, les membres des Sociétés mutuelles en nom collectif.

Or, nous l'avons dit, et nous tenons à le mettre une fois de plus en lumière, ces avantages manquent au petit cultivateur, c'est-à-dire à l'immense majorité des agriculteurs français. En plaçant à la portée de la classe rurale, la moins pourvue de crédit, les privilèges que donnent aux capitalistes un nom connu et une fortune aisée, les Sociétés à responsabilité solidaire fournissent une des solutions de problème. Elles nous paraissent en offrir une autre, également appréciable, en permettant de localiser le crédit. Il faut localiser le crédit. Les observations précédentes conduisent invinciblement à cette conclusion.

En effet, sur quelle place le paysan peut-il espérer être connu? Sur celle de Paris, ou de quelque grande ville? Au chef-lieu du département ou de l'arrondissement? Non, tout le monde en convient. Il n'est connu que sur la place de sa bourgade. Les voisins, seuls, connaissent sa probité et son intelligence; ils l'aperçoivent, chaque jour, à son travail; ils voient les vides de son étable, son champ envahi par l'herbe ou entretenu soigneusement; ils ont compté le nombre d'hectolitres de blé récolté sur son domaine; ils savent ce qu'il a perdu au jeu, et combien de verres d'eau-de-vie il boit au cabaret; la débauche de ses fils, les colifichets de sa femme et le désordre de ses affaires défrayent les conversations du village, mais seulement du village. Seuls, les voisins peuvent donc consentir un emprunt, en connaissance de cause, comme ils sont les seuls à pouvoir en contrôler l'usage. Ce sont eux qui apercevront les variations de la fortune du débiteur. Aussi, plus une banque se mettra à proximité des paysans, plus ses opérations seront sûres. Or, la Société en nom collectif, mieux que la Société anonyme, peut limiter le rayon de ses affaires. Pour constituer un fonds social, en effet, la Société anonyme est tenue de recruter ses membres dans tout le canton, surtout quand elle fractionne ses actions en coupures modiques. Dans ces conditions, comment s'enquérir de la solvabilité d'un emprunteur perdu au fond de la campagne, si ce n'est par l'entremise suspecte de quelque employé ou de l'opinion? Au contraire, la Société en nom collectif peut se fixer dans un village, restreindre, dans d'étroites limites, le rayon de ses opérations et prêter à des agricul-

teurs dont la solvabilité lui est *directement* connue. Puisque
chaque associé s'engage, non point jusqu'à concurrence
d'une somme modique, mais sur tout son patrimoine, le
fonds des garanties est constitué rapidement, par la réunion
de quelques domaines dans une même bourgade. Là, tous
les propriétaires se connaissent depuis l'enfance, comme
leurs pères se sont connus, et ils peuvent dire quelles sont
les qualités, parfois héréditaires, de chaque famille. Que dix
d'entre eux se groupent, en vue d'obtenir l'argent des capitalistes, les autres solliciteront, aussitôt, une place dans la
Société, car le nom des premiers associés leur dit quelque
chose. Défiants et sans expérience, ils feront, avec sécurité,
leur éducation économique; ils trouveront, à leur portée,
des conseils auxquels ils peuvent croire; le crédit qui est
resté, pour eux, une nécessité pénible, suite habituelle des
années mauvaises, se présentera à leur esprit sous un autre
aspect, c'est-à-dire comme un moyen d'accroître les produits de leur domaine et le gain de leur culture. Ce n'est
plus d'un usurier avide qu'il le recevront, ni d'un maître
parfois trop lent à prêter son épargne, mais de quelques
déposants, avec lesquels la Société locale a librement débattu
le taux de l'intérêt et toutes les conditions de l'emprunt.
L'exemple agira bientôt. Le paysan endormi dans sa routine, verra de ses yeux et chaque jour, par dessus la haie de
son champ, quel supplément de récoltes le propriétaire limi-
trophe obtient au moyen d'engrais plus abondants, de
semences mieux choisies, ou d'outils perfectionnés; il saura
que le voisin vient d'acheter un attelage à un prix modéré,
au bon moment, et s'il demande comment on acquiert de si
précieux avantages, on lui répond que c'est par le crédit, on
lui explique l'organisation de la banque rurale, on lui en
désigne les membres qu'il connaît, tous, par leur nom. La
Société de crédit est là, tout près, dans le village même, et ne

saurait cacher au public sa prospérité ou sa faillite. « Pourquoi n'y pas entrer ? se dira-t-il. D'ailleurs, on ne paye pas un centime en entrant ». Voilà un paysan en chemin d'acquérir l'aisance.

VII

Localiser les institutions de crédit rural est donc, à notre avis, une condition essentielle de réussite. L'expérience paraît confirmer ici le raisonnement, et nous atteste que tout essai en sens contraire a toujours échoué. Nous rappellerons, d'abord, la liquidation de la Société centrale de crédit agricole fondée en 1860. Cette liquidation a-t-elle eu pour cause l'insolvabilité des emprunteurs ? Il serait naturel de le penser ; mais le témoignage de M. Josseau dément cette opinion. Si cet établissement est tombé, dit-il, c'est, justement, pour avoir employé ses fonds autrement qu'en prêts agricoles, c'est pour avoir confié ses capitaux, non point à sa clientèle naturelle, mais à l'emprunteur le plus inattendu, au gouvernement égyptien (1). Et pourquoi la Société centrale de crédit a-t-elle cherché des spéculations aussi étrangères à son objet ? C'est que le paysan se désintéressait d'un établissement qu'il connaissait à peine ; il ne s'approchait guère des guichets ; il se dispensait d'entreprendre un long voyage pour emprunter quelques cents francs aux agences de la Banque. Ces agences n'étaient qu'au nombre de douze ; elles auraient dû se compter par milliers, car le paysan se passe de crédit productif, si le crédit ne vient pas au devant de lui. Il eût fallu, à la Banque, des représentants, à chaque chef-lieu de canton, ou même à chaque village, pour être en contact direct avec les petits agriculteurs et les bien connaître. Mais, alors, le traitement des agents et les frais d'administration se seraient élevés au

---

(1) *Op. cit.*

delà des bénéfices. On peut douter, d'ailleurs, si les agents eussent donné des informations sûres et complètes sur les emprunteurs. Comment les auraient-ils connus? par ouï-dire; par des intermédiaires que rien n'eût obligé à préciser, avec conscience, l'état de fortune d'un voisin ami ou hostile. En général, de pareils mandataires, soucieux, avant toute chose, de leur rétribution, ont peu d'intérêt à surveiller l'emploi du capital prêté, ils accordent le crédit sans discernement et sans choix. Est-on bien sûr qu'ils l'accordent, toujours, sans partialité? Leur commettre le soin d'apprécier le bon renom, la probité, le crédit moral de tout solliciteur est trop leur confier. Ils n'ont pas, davantage, qualité pour donner un conseil, une direction au paysan inexpérimenté, et, s'ils l'engagent dans une fausse voie, ils ne risquent ni une parcelle de terrain, ni un centime de leur fortune.

Les administrateurs, eux-mêmes, sont exposés à deux excès contraires :

Le plus souvent ils se laissent aller à de folles spéculations : obligés de salarier une armée d'agents, et dirigeant une banque formée de capitaux, ils veulent faire fructifier ces capitaux, ils offrent à tout venant le prêt et l'escompte, ils sont en quête de dividendes et de gains. Peu leur importe l'intérêt de l'agriculteur; c'est la prospérité de la caisse qu'ils ont en vue.

Parfois, au contraire, la Banque centrale veut s'en tenir à des placements très sûrs. Elle dédaigne, alors, la vraie clientèle agricole, les petits cultivateurs inconnus qui sont le grand nombre. Elle estime que leur signature n'est pas une garantie suffisante, elle trouve incommodes ces enquêtes, ces précautions, ce persévérant contrôle pour une multitude de prêts insignifiants. Une clientèle étrangère remplace la première, et les fonds promis à l'agriculteur vont chercher, dans des spéculations hasardées, un emploi que l'on espère plus lucratif.

Ce n'est pas davantage justifier la création d'un établissement central, que de lui confier le soin de susciter, une à une, des banques locales, sur les divers points du territoire. Ce rôle ne lui appartient pas et l'ordre selon lequel doivent surgir les institutions de crédit serait interverti. En effet, le crédit est accordé en raison des garanties offertes au prêteur : C'est donc aux capitalistes de l'endroit à constater si les garanties dont disposent, en général, les emprunteurs voisins sont suffisantes, et à décider si une banque rurale a quelque chance de réussir dans cette contrée. Ils apprécieront si les emprunteurs paraissent devoir être assez nombreux pour apporter à la Banque un mouvement continu d'affaires; si le cultivateur est apte à utiliser l'emprunt; enfin, si les bénéfices de son travail, le cours du marché, les coutumes de la culture locale, l'esprit d'initiative et d'épargne permettent d'espérer, dans cette région, un durable et sérieux succès.

« Il y a tel milieu, dit M. Michel (1), où le crédit agricole s'est déjà établi, sous l'influence du progrès qui se fait dans les habitudes du paysan. Parfois, aussi, l'insouciance ou l'incapacité créent un obstacle insurmontable ». Créer une banque est chose facile! Il est plus malaisé de découvrir le milieu propice et le temps opportun, il est plus méritoire de distribuer le crédit à qui en est digne et non à qui le demande. Quand les banques locales auront surgi, alors l'institution centrale aura sa raison d'être, elle pourra servir d'intermédiaire entre les banques des diverses régions, elle passera aux unes le superflu des autres. Mais, laissons à l'action locale le soin de distribuer le crédit et d'employer les capitaux, là même où ils ont été produits, sous la surveillance directe du prêteur. « En 1873, dit un économiste praticien, le P. Ludovic de Besse (2), une banque centrale se fonda à Paris, avec

____

(1) *Monde économique*, 3 novembre 1894.
(2) Congrès des banques populaires tenu à Lyon, 1892.

un capital de 50 millions, pour commanditer des caisses d'arrondissement. Elle espérait doubler, promptement, son capital. Après avoir suscité les caisses des 3e, 4e, 5e, 10e et 18e arrondissements, elle a dû réduire son capital à 25, puis à 12 millions et demi. Enfin, elle a liquidé, s'est transformée et s'est cachée rue Montmartre, où elle ne fait plus aucune opération de crédit populaire ».

Le même économiste signale, à Florence, la fondation, par M. Alvisi, d'une banque centrale qui devait faire surgir de terre les banques populaires, et les aider à se propager. La tentative s'est terminée, dit-il, par une faillite colossale. Lorsque M. Durand, auteur d'un ouvrage, justement réputé, sur le crédit agricole, voulut étudier, en 1890, l'organisation de ce crédit en Italie, d'après la loi de 1889, il ne put trouver, sur les trente établissements créés par artifice, que de rares survivants. Un seul, dit-il, semblait prospérer, c'était le *Credito di Cagliari*. Il a fini par une faillite scandaleuse, et s'il a tant vécu, ajoute le même auteur, c'est qu'il avait soin de remettre clandestinement en circulation, les obligations sorties au tirage et prétendues remboursées. M. Durand cite d'autres exemples pris en Italie, Portugal, Danemark, Belgique, en un mot, dans les contrées les plus diverses de l'Europe. Quand les mêmes désastres apparaissent en des pays si dissemblables, il est nécessaire d'induire qu'une loi fatale et universelle condamne les banques centrales de crédit agricole à l'impuissance et à la ruine.

C'est au petit agriculteur que le crédit manque le plus, avons-nous dit, et c'est pour lui qu'il faut l'organiser. De là vient, ajoutions-nous, la plus grande difficulté : Comment trouver des prêteurs à qui est inconnu, sans fortune, ou exposé à des causes fatales d'appauvrissement, telles que les intempéries, et la baisse des prix? La mutualité, d'après nos conclusions, permettra à un groupe d'associés d'inspirer confiance aux capitalistes, soit par la constitution d'un fonds social, soit par la responsabilité indéfinie et solidaire. La limitation du territoire où doit fonctionner la banque rurale donnera aux capitalistes la faculté de connaître l'emprunteur, et de contrôler l'usage du prêt. Nous ne voyons point de meilleur système pour remédier à la situation défavorable du paysan et à son discrédit. Examinons maintenant si les moyens proposés, tour à tour, depuis cinquante années, au Sénat, à la Chambre et aux Congrès agricoles de France, s'accordent avec les conclusions que nous avons soutenues, et s'ils s'inspirent de l'observation des faits.

CHAPITRE III

TENTATIVES DUES A L'INITIATIVE DU PARLEMENT OU DU GOUVERNEMENT POUR ORGANISER EN FRANCE LE CRÉDIT RURAL

Il nous serait impossible de réunir en quelques pages, les projets sans nombre dus à l'initiative du Parlement, des ministres, ou des congrès spéciaux. Qu'il nous suffise de mentionner les types auxquels se rattachent, de plus ou moins près, les divers systèmes destinés à propager l'usage du crédit chez les agriculteurs de France. Nous verrons avec quelle lenteur les vœux les plus persévérants des commissions agricoles ont obtenu satisfaction. Encore s'en trouve-t-il quelques-uns condamnés, semble-t-il, à n'être jamais exaucés. Telle la proposition du gage sans tradition, désignée à l'attention du législateur en 1856, 1866, 1880, 1890 ; telle la réforme du cheptel, demandée par la Commission de 1866 et de 1880, telle, enfin, la « commercialisation » des engagements agricoles, réclamée à ces dernières dates.

C'est en 1840 que remonte la première tentative digne d'être notée. Le conseil supérieur de l'agriculture convoqua un congrès de propriétaires et de jurisconsultes, en leur donnant mission d'étudier la question du crédit. Les sessions se terminèrent par de simples vœux. Cependant, deux membres du Congrès, MM. Darblay et Volowski, apportèrent des idées neuves et judicieuses, qui devaient, après un demi-siècle, obtenir enfin la faveur qu'elles méritaient. Ils demandèrent la restriction du privilège du bailleur et la création d'institutions particulières de crédit agricole. Ils eurent comme adversaires deux tenants de l'Ecole anglaise, MM. Dupin et Buffet, qui se refusaient à une organisation spéciale du crédit rural. « Le crédit ne se divise pas en espèces, il est un » répétaient les partisans de M. Dupin. Cette formule nous est déjà connue, et nous avons dit plus haut combien elle nous paraît exclusive. Les évènements de 1848 vinrent donner à l'opposition de M. Dupin un secours inattendu : le législateur eut d'autres soucis que de pacifier des débats agricoles.

Mais les auteurs de projets ne someillèrent point. On retrouve alors, chez eux, l'influence des théories socialistes qui avaient cours à ce moment là. Donner aux emprunteurs le cautionnement de la commune, confier à l'Etat le soin de distribuer le crédit, ce sont les idées maîtresses des propositions émises en 1848. La première de ces propositions émane de M. Lefour, inspecteur général de l'agriculture. Les adversaires n'eurent pas de peine à démontrer combien la majorité des communes rurales sont de pauvres cautions, et, par suite, avec quelle facilité malheureuse elles accorderaient une entremise qui leur coûterait si peu. Le second système vint de MM. Turck et Proud'hon, et fut repris, ensuite, par M. Flandrin. La dialectique serrée de M. Thiers en eut bientôt raison. « Si l'Etat veut prêter, exclusivement, à une classe de contribuables, dit-il, cette classe est favorisée aux dépens des autres, et l'égalité est méconnue. Comment suffire, d'ailleurs, à une si vaste entreprise? Malgré son armée d'agents, une Banque d'Etat ne pourra connaître ses emprunteurs, et les suivre de son contrôle jusqu'au fond des campagnes ; elle dispersera ses capitaux au hasard, elle accordera, sans choix, des prêts de consommation comme des prêts lucratifs, et obligée de rémumérer une multitude de fonctionnaires, d'acquitter des frais d'administration considérables, elle essayera de subsister en élevant le loyer des capitaux; mais cet expédient maladroit ne la sauvera point de la banqueroute. Si elle tente, au dernier moment, de se créer des ressources, par l'émission d'un papier-monnaie, elle fera décréter, vainement, le cours forcé; un chiffon de papier, qui ne représente aucune valeur et aucun gage, ne sera jamais accepté ». Ces raisons aboutirent au rejet de la proposition de Proud'hon; mais, le projet d'instituer une Banque centrale, dirigée, sinon par l'Etat, du moins sous son contrôle, persista dans quelques esprits.

En 1850, l'Assemblée nationale saisie de la question du crédit rural, nommait une commission dont elle adoptait les vues : Etablir le gage sans tradition, et constituer une Banque centrale, c'étaient les articles essentiels du projet. M. Léonce de Lavergne, d'autres après lui, furent envoyés en Allemagne, en Ecosse, en Angleterre, pour étudier et prendre sur le vif le fonctionnement du crédit agricole à l'étranger. Nos agents diplomatiques reçurent mandat de faire des enquêtes sur le même objet. La Commission termina ses travaux en 1856. Malgré le remarquable rapport de M. Josseau, les études préparatoires semblaient ne devoir jamais finir. C'est alors, que l'Empereur, dans une lettre publiée dans le *Moniteur*, le 5 janvier 1860, affirma sa volonté de mener à bonne fin l'œuvre entreprise : des vœux de la Commission, il ne retint que le projet d'un établissement central, et fit voter la loi du 28 juillet 1860, instituant une Société dite du crédit agricole, au capital de 20 millions, avec un minimum d'intérêt garanti par l'Etat. « On savait, dit M. d'Esterno, membre de la commission, qu'on n'obtiendrait aucun résultat, mais on se débarrassait d'une question fatigante. On était en droit de répondre à tous : Le crédit agricole existe, il n'y a plus à s'en occuper» (1). L'Etat

---

(1) Jeanneney, *Du crédit agricole mobilier*. Thèse Besançon, 1889.

s'engageait à couvrir les frais d'administration et les intérêts, dans la mesure où les bénéfices annuels ne suffiraient pas, sans promettre, cependant, plus de 400,000 francs par an. La Société ouvrait des crédits et des comptes-courants, elle escomptait aussi le papier agricole muni de deux signatures dont l'une devait être donnée par ses correspondants.

Conformément aux prévisions de M. d'Esterno « on n'obtint aucun résultat » : les capitaux de la Banque nouvelle furent très peu demandés. La raison en est vite trouvée : Petits cultivateurs, fermiers, moyens propriétaires, tous ceux, en un mot, qui forment la grande majorité de la classe rurale en France, étaient trop éloignés des agences ou des correspondants de la Société ; ils négligèrent les offres d'un établissement hors de leur portée, et qu'ils connaissaient à peine. Les bénéfices obtenus à l'aide des opérations de crédit ne pouvaient donc suffire à la Société de 1860. Elle fut, en quelque sorte, contrainte de chercher des profits dans la spéculation, et, c'est à ce titre, qu'elle avança 168 millions au gouvernement égyptien. Quand celui-ci suspendit ses paiements, la Société dut liquider (1876). Au reste, cette liquidation s'est faite au plus grand avantage du liquidateur, le « Crédit foncier », et les créanciers ont été remboursés intégralement, si l'on en croit M. de Soubeyran (1).

Avant la chute de cette institution financière, le gouvernement, sollicité par les Sociétés d'agriculture, qui préjugeaient très mal de la tentative commencée, avait nommé, dès 1863, une nouvelle commission. Profitant de l'expérience acquise, et revenant aux propositions judicieuses de M. Volowski, membre de la commission de 1840, qui souhaitait, nous l'avons dit, la réforme de quelques articles de loi et plusieurs institutions spéciales de crédit, M. Josseau

---

(1) *Officiel*. Chambre. Séance du 2 mai 1893.

exposa la contre-partie des projets présentés en 1818 ; il protesta contre l'intervention de l'Etat, et demanda, simplement, la suppression des dispositions législatives qui pouvaient entraver la libre expansion et l'usage facile du crédit agricole. Ainsi, le gage sans déplacement, la restriction du privilège du bailleur, la commercialisation des engagements agricoles, l'indemnité due, en cas d'incendie, aux créanciers privilégiés sur un immeuble, le privilège du marchand d'engrais, la réduction des droits d'enregistrement, voilà quelles innovations firent l'objet des vœux de M. Josseau, rapporteur. Ces vœux sont renouvelés, de nos jours encore, par les économistes qui étudient le crédit agricole. M. Josseau les résuma en un projet de loi que le Conseil d'Etat fut chargé d'examiner, mais la guerre et les troubles politiques de 1871 détournèrent vers des questions d'un intérêt poignant, l'attention des députés.

En 1878, année de l'Exposition universelle, M. Josseau reprit son ancien plaidoyer en faveur du crédit rural devant le Congrès agricole international. Le gouvernement transmit à une commission le soin d'en étudier le détail, et renouvela l'enquête à l'étranger, par l'entremise des consuls. Cette commission renouvela quelques-uns des vœux émis en 1866 : Commercialisation des billets à ordre, gage sans tradition, indemnité en cas d'incendie et restriction du privilège du bailleur. Elle y ajouta la réforme du bail à cheptel. M. de Mahy, ministre de l'agriculture et M. Léon Say, ministre des finances, adoptèrent ces vœux, à l'exception de la proposition relative au cheptel, et déposèrent un projet de loi au Sénat, le 20 juillet 1882. La commission sénatoriale modifia légèrement le projet, et déposa son rapport par l'entremise de M. Labiche, le 31 juillet 1883. Le Sénat ouvrit la discussion générale, rejeta le gage sans tradition, puis, au lieu de poursuivre les débats, il renvoya le projet à la commission, qui fut priée de l'examiner de plus près, et de le mûrir. La commission voulut prendre conseil de la Société nationale d'agriculture. Celle-ci ouvrit une enquête sur l'utilité du crédit rural et approuva, en 1885, le projet de la commission sénatoriale. Fort de cette adhésion, M. Labiche, en 1887, renouvela, au nom de ses collègues, les vœux qu'il avait déjà exprimés peu d'années auparavant, à l'exception, toutefois, du gage sans déplacement, repoussé une première fois par le Sénat. Des diverses propositions, deux, seulement, eurent gain de cause: En sa séance du 6 mars 1888, le Sénat refusa la commercialisation des billets à ordre. Il admit la restriction du privilège du bailleur, à deux années échues, à l'année courante, et à une seule année future, puis il accorda aux créanciers privilégiés sur un immeuble, le droit de réclamer l'indemnité due au propriétaire en cas d'incendie. La Chambre ratifia le vote du Sénat, et il ne subsista, soit du rapport de M. Josseau, soit du projet de loi de MM. Léon Say et de Mahy, que ces deux fragments dont on a fait la loi du 19 février 1889.

Nous avons dit, au début de ce chapitre, qu'en 1840 M. Volowski avait demandé des institutions spéciales de crédit. Personne, après lui, n'avait renouvelé ce souhait, au Parlement. Les diverses commissions avaient simplement proposé des réformes législatives qui devaient permettre à l'agriculture soit d'étendre ses garanties (tel devait être l'objet du gage sans tradition, par exemple), soit de ne plus subir quelques inégalités regrettables, comme d'être soumis tantôt à la juridiction civile, tantôt à la juridiction consulaire quant à l'exécution de ses billets à ordre.

Les auteurs des divers projets estimaient que les banques ordinaires pouvaient suffire aux emprunteurs agricoles. En 1848, cependant, l'idée de créer une banque centrale eut de nombreux partisans, et nous avons dit qu'elle fut réalisée, sans succès, par la loi de 1860. C'est à M. Méline qu'était réservé le mérite de dégager les leçons du passé et de les mettre à profit :

Son projet, déposé à la Chambre des députés le 10 mai 1890, était, uniquement, de fonder des Sociétés *locales* et mutuelles de crédit, non seulement pour les classes rurales, mais pour les ouvriers.

Remarquant le rapide essor des Syndicats professionnels et agricoles, il voulut se servir de ces associations, dispersées sur tous les points du territoire, et leur donner mission de distribuer elles-mêmes le crédit à leurs membres, pour les opérations se rattachant exclusivement à celles du syndicat. A cette fin, il demanda en leur faveur l'autorisation de se transformer en Sociétés de crédit, anonymes, ou en nom collectif, et la dispense de quelques-unes des formalités imposées aux Sociétés à capital variable pour leur publicité. C'était, comme l'a dit M. Méline, organiser le crédit par en bas et non par les sommets, c'était se rapprocher de la solution recommandée, tout ensemble, par la théorie et par l'expérience. Contre l'attente générale, les syndicats, si prompts d'ordinaire à étendre leurs attributions, refusèrent leur acquiescement au projet. L'*Union des syndicats agricoles du Sud-Est*, où la personnalité de M. Méline est particulièrement influente, se fit remarquer par la fermeté de ses protestations. La *Société des agriculteurs de France*, par l'organe de M. Sénart, émit une opinion défavorable. Quels furent les motifs de ces critiques? Ils ressortiront de l'exposé que voici : Les syndiqués, faisait-on observer, se groupent sans choix, en vue d'obtenir les avantages habituels à toute union de producteurs travaillant à produire les mêmes objets. Ainsi, participent-ils à des achats et à des ventes; ainsi, créént-ils des coopératives de consommation et des tribunaux d'arbitrage; ainsi, font-ils valoir, avec plus de force, leurs doléances auprès du Gouvernement ou du public. Mais là finit leur rôle. Ce n'est point, en effet, après un examen sur la solvabilité ou les aptitudes du candidat, que celui-ci est incorporé à l'association. Qu'il paye exactement sa cotisation, on ne lui demande rien de plus. Le législateur serait donc imprudent, ajoutaient les adversaires du projet, s'il confiait aux premiers venus la tâche délicate d'initier le paysan à l'usage des sages emprunts, et s'il leur permettait de distribuer le crédit à tous les coassociés sans exception.

D'ailleurs, sera-t-il facile d'obtenir l'adhésion unanime des syndiqués pour transformer en banque leur association professionnelle?

Quelques dispositions accessoires prêtaient, elles aussi, à de sérieuses critiques. « Que faut-il à l'agriculteur? disait le rapport. Est-ce de l'argent? Nullement. Il lui faut un crédit suffisant pour lui permettre d'attendre l'époque où il paiera les fournitures qu'il a reçues. D'argent, il ne lui en faut pas, car il fait naître, chez qui le reçoit, la tentation de l'employer à un autre usage qu'à celui de son exploitation ».

La remarque est juste, en quelque mesure. Il est facile, sans doute, de jeter en dépenses frivoles l'argent qu'on vient de se procurer sans peine; il est malaisé d'abuser d'un prêt en nature : la nécessité de vendre l'objet reçu peut retarder la satisfaction convoitée, et donner le loisir de la réflexion. Mais encore n'est-ce là qu'une gêne bien vite éludée, et parfois le prêt en nature permet-il au débiteur de garder, pour un usage improductif, quelques pièces de monnaie. Il est impossible, d'ailleurs, de se passer de numéraire : Le salaire des gens de journée et des domestiques, les achats de bétail ou d'outils, sur les champs de foire, s'acquittent en argent comptant. C'est ce que firent observer à M. Méline plusieurs économistes, parmi lesquels nous citerons M. Durand.

Comment l'agriculteur devait-il obtenir ce crédit en nature?

« Le syndicat garantira les effets que ses membres ont souscrits aux divers fournisseurs, et, grâce à ce cautionnement,
les effets seront aisément réescomptés par une banque qui
donnera la troisième signature exigée par la Banque de
France ». D'où ce cautionnement va-t-il tirer sa valeur? « La
Société constituera un capital avec les cotisations annuelles,
avec les prélèvements opérés sur les opérations de chaque
emprunteur, enfin, avec des parts sociales nominatives, qui ne
pourront être négociées en bourse et soumises à l'agiotage.
Les statuts détermineront la part de responsabilité qui incom-
bera à chaque adhérent, dans les engagements pris par le
syndicat-banquier. En cas de silence des statuts, les associés
seront solidairement responsables ». Cette dernière clause
parut extrêmement dangereuse à la Société des agriculteurs
de France. Les syndiqués, en effet, viennent de divers côtés
de l'arrondissement, et, si la plupart n'ont, entre eux, que des
relations rares et passagères, les autres ne se connaissent pas
même de vue. Chacun de ces associés à peu près inconnus
entre eux, aurait donc répondu, solidairement, sur tous ses
biens, de la probité de ses confrères ; plus encore, il aurait dû
se porter garant, dans la même mesure, de leur solvabilité
et de l'exactitude habituelle de leurs payements. C'eût été
assumer une obligation par trop rigoureuse.

A ces observations, portant sur le fonds même du projet,
s'ajoutaient des critiques d'une moindre portée. Ainsi, l'on
reprochait à M. Méline d'avoir mentionné, à côté de certaines
opérations, nouvellement autorisées, des actes déjà compris
dans les anciennes attributions des syndicats, et entièrement
étrangers à la distribution du crédit. Il était dit, par exemple,
que les nouvelles Sociétés garantiraient le payement des achats
faits par les associés et recevraient des dépôts en compte-
courant, toutes opérations relatives au crédit. D'autre part, il
leur était accordé de vendre, pour le compte de leurs adhérents,

les récoltes de ceux-ci. Cette dernière faculté était déjà implicitement concédée par la loi de 1884. Faire mention de cette seule faculté, dans un texte qui devait innover, c'était, en apparence, réviser la loi de 1884, restreindre les droits que le texte ancien avait accordés, ou susciter, du moins, des controverses dans l'avenir. Parlons simplement, pour mémoire, d'une distraction étrange qui s'était glissée dans la première rédaction. M. Méline croyait accorder, pour la première fois, aux syndicats, le droit d'ester en justice et de posséder des immeubles. La loi de 1884 ne laisse, cependant, aucun doute sur ce point. M. Méline pensait, aussi, que la Banque pouvait fixer d'avance, dans ses statuts, le taux des intérêts servis à ceux qui fournissent le fonds de roulement, il demandait, enfin, le dépôt des statuts à la Préfecture, c'est-à-dire trop loin du siège syndical.

La commission que présidait M. Méline reconnut, loyalement, le bien-fondé de ces critiques, et, par l'organe de M. Mir, son rapporteur, elle présenta au législateur un projet nouveau, en 1892 (1). Mettant à profit l'objection qui consistait à dire combien les membres des syndicats sont généralement peu préparés à diriger, avec entente, une institution financière, la commission admit ces associations, non seulement à devenir, elles-mêmes, des banques, mais encore (et c'est là qu'on pensait innover) à constituer, auprès d'elles, par l'entremise de quelques-uns de leurs adhérents les plus expérimentés, une Société particulière et indépendante, qui distribuerait le crédit à tous les syndiqués, pour les opérations rentrant exclusivement dans les attributions des syndicats, selon l'esprit et la lettre de l'ancien projet (2). Ces opérations sont les plus sûres et les plus lucratives, telles, par exemple,

---

(1) *Officiel*, Doc. parlem., Chambre 1892, p. 207.

(2) Congrès des Syndicats agricoles tenu à Lyon en août 1895, séance du 23 août. Rapport de M. Sénart.

les acquisitions d'engrais, de machines et de bétail. Par contre, les spéculations de banque étaient interdites, et, même, les opérations de longue haleine qui ressortissent au crédit immobilier. Ainsi, tout syndicat professionnel et tout syndicat agricole, sans devenir banquier, devait donner à ses associés les avantages d'une Société mutuelle de crédit, aux formes simplifiées, et seule responsable de sa mauvaise gestion. C'était oublier que déjà, en vertu du droit commun, des agriculteurs peuvent fonder une banque annexe au syndicat, et n'en ouvrir l'accès, si bon leur semble, qu'à une clientèle particulière.

Des réformes secondaires furent ajoutées. On permit aux nouvelles banques d'accorder le crédit en argent ou en nature ; la solidarité ne fut plus imposée, au cas de silence des statuts ; les dispositions inutiles disparurent ; enfin, le lieu où devaient être déposés les statuts, fut la sous-préfecture et non plus la préfecture. Ce projet obtint assez rapidement les suffrages de la Chambre des députés, en deuxième délibération, le 29 avril 1893. A la fin de la session de 1894, M. Labiche déposa au Sénat un rapport sur ce même projet. Mais la séparation des membres du Parlement empêcha la distribution et même l'impression de ce rapport. Dès la rentrée des Chambres, le ministre de l'agriculture institua une commission extra-parlementaire, afin d'étudier les objections produites dans la commission sénatoriale. Le texte résumant cette étude fut retourné à cette même Commission sénatoriale, qui modifia encore quelques articles. C'est l'origine de la rédaction soumise au Sénat, avec un nouveau rapport de M. Labiche, le 13 mars 1894, et adoptée en deuxième délibération, le 21 mai de la même année. La Chambre des députés lui accorda, à son tour, son adhésion, en deuxième délibération, le 27 octobre 1894, ajoutant un dernier alinéa à l'art. 1, et un mot à l'alinéa 3 de l'art. 3.

Cette rédaction est devenue la loi du 5 novembre 1894.

En voici la teneur et la critique.

Observons, d'abord, que la commission sénatoriale a changé le titre du projet et amoindri sa portée. Ce n'est plus l'organisation de crédit agricole et du crédit populaire tout ensemble, que l'on cherche à créer, mais, uniquement, des Sociétés de crédit rural. En d'autres termes, la question du crédit *populaire* est réservée. En outre, si l'on s'occupe de venir en aide aux seuls cultivateurs, ce n'est pas avec la prétention de fonder un système parfait, et de donner la solution définitive, c'est avec le désir de faciliter aux agriculteurs l'usage des emprunts productifs, par l'entremise de banques locales. La porte reste ouverte à d'autres projets.

D'après l'*article 1er*, un syndicat ou même plusieurs syndicats peuvent ou bien se transformer, tout entiers, en une banque rurale, ou bien déléguer à quelques adhérents le soin de fonder, en dehors, une Société mutuelle de crédit. Seuls, les syndiqués sont admis au bénéfice de cette institution. Dans la première hypothèse, la mutualité est parfaite ; dans la seconde, la Société, distincte du syndicat et responsable de sa propre gestion, fait crédit, non seulement à ses membres, mais, encore, à tous les autres syndiqués. Dans le projet de M. Mir, ces petits groupes autonomes se rapprochaient du type syndical plus que des Sociétés proprement dites. Ainsi devaient-ils déposer leurs statuts entre les mains de l'autorité administrative, selon les règles de la loi organique des syndicats (21 mars 1884), avec cette différence, cependant, que, dans le projet, la sous-préfecture était substituée à la mairie. La loi nouvelle, au contraire, exige le dépôt aux greffes de la justice de paix et du tribunal consulaire, selon les dispositions du code de commerce et de la loi de 1867 en matière de *Société*. C'est pourquoi M. Labiche a pu dire dans son rapport : « *Tandis que la proposition votée par la Cham-*

bre constituait une dérogation à la loi de 1884, le présent projet complète la loi du 24 juillet 1867 sur les Sociétés ».

En effet, on parlait, en 1892, d'organiser des *syndicats* de crédit ou des Sociétés se formant aux mêmes conditions que les syndicats, c'est-à-dire, non par un acte de Société, mais par de simples statuts. A défaut de dispositions assez explicites dans le nouveau texte, les interprètes devaient se reporter à la loi de 1884, droit commun en matière de syndicats. En 1894, au contraire, le législateur a créé des *Sociétés* de crédit, soumises au code de commerce ou à la loi de 1867, et tenues de remettre leurs statuts, non point à l'autorité administrative, selon la loi de 1884, mais à l'autorité judiciaire, conformément au droit commercial.

Les banques rurales auront, exclusivement, pour objet de faciliter et même de garantir les opérations concernant l'industrie agricole. Le capital social sera constitué à l'aide de souscriptions des sociétaires, et ces parts nominatives ne seront transmissibles que par voie de cession aux membres des syndicats, avec l'agrément de la Société. La spéculation sur ces parts sociales sera donc impossible, comme elle est d'ailleurs interdite sur les actions des Sociétés à capital variable, en vertu de l'art. 50 de la loi de 1867. La Société ne pourra être constituée qu'après versement du quart du capital souscrit. Plus libérale, la loi de 1867 n'exige que le versement du dixième.

Au texte de l'*article 1er* proposé par la commission sénatoriale, la Chambre des députés a ajouté l'alinéa suivant : « Dans le cas où la Société serait constituée sous forme de Société à capital variable, le capital ne pourra être réduit, par les reprises des apports des sociétaires sortants, au-dessous du montant du capital de fondation ».

L'article 2 énumère, comme par le passé, les questions qui doivent être réglées par les statuts. Dans cette énumération figurent certains détails superflus. N'est-il pas évident, par exemple, que les statuts détermineront, nécessairement, le siège et le mode d'administration de la Société, les conditions de dissolution, la composition du capital? Par contre, il est impossible aux adhérents, bien que la loi leur en impose l'obligation, de fixer à l'avance le maximum des dépôts à recevoir.

Le nouvel article 2, au lieu de limiter la responsabilité des adhérents à une période de deux années depuis leur sortie du syndicat, comme le décidaient les deux premiers projets, stipule que la libération de leurs engagements n'aura lieu qu'après la liquidation des opérations contractées avant leur démission.

L'article 3 a peu varié dans les trois rédactions. Il établit une répartition des bénéfices, selon le principe qui régit les institutions de mutualité. En d'autres termes, le taux de l'intérêt servi par les emprunteurs sera abaissé au plus bas minimum, de façon à réduire exactement les gains à la quotité nécessaire pour constituer un fonds de réserve. Ce fonds de réserve sera donc formé par les bénéfices prélevés sur les opérations de chaque emprunteur. « Les sommes résultant de ces prélèvements, après acquittement des frais généraux et paiement des intérêts, seront d'abord affectés, jusqu'à concurrence des trois-quarts au moins, à la constitution d'un fonds de réserve, jusqu'à ce qu'il ait atteint, au minimum, la moitié du capital. Le surplus pourra être réparti, à la fin de chaque exercice, entre les syndicats et entre les membres de ces syndicats, au prorata des prélèvements faits sur leurs opérations ».

Ce sera moins une distribution de dividendes qu'une restitution; d'ailleurs, le partage sous forme de dividendes proprement dits, est prohibé, car une Société mutuelle ne doit point chercher de lucre; les associés, unis par un intérêt

commun, ont une intention commune : obtenir à meilleur
marché les capitaux. « A la dissolution de la Société, le fonds
de réserve et le reste de l'actif seront partagés entre les
sociétaires, proportionnellement à leur souscription », mais,
il est à craindre que la perspective de cette répartition n'in-
vite, parfois, les associés à provoquer la dissolution, pour
s'approprier le butin, aussi les statuts pourront-ils l'affecter
d'avance « à une œuvre d'intérêt agricole ».

L'article 4 oblige les nouvelles Sociétés de crédit à tenir
des livres, conformément aux prescriptions du code de commerce. MM. Méline et Mir avaient cru bon de les en dispenser, et de les soumettre à une comptabilité des plus simples. MM. Grousset et Bertrand, députés, furent d'avis qu'il
valait mieux s'en référer aux art. 8 et 9 du code de commerce, d'autant mieux qu'aux termes de l'art. 12, la comptabilité prescrite par les articles susdits est admise comme
preuve, en matière de contestation commerciale. En vertu
de la loi nouvelle, les banques rurales sont exemptes du
droit de patente par mesure de bienveillance, et de l'impôt
sur la valeur mobilière par mesure de justice. En effet, disait
M. Rouvier, dans la deuxième délibération (29 avril 1893),
on paye la patente pour avoir le droit d'exercer une profession
qui donnera ou ne donnera par de bénéfices, tandis que
l'impôt sur les valeurs mobilières est perçu sur les bénéfices
acquis; or, les Sociétés mutuelles de crédit ne distribuent
pas de bénéfices, mais opèrent des restitutions en faveur des
emprunteurs.

Remarquons, toutefois, que les syndicats directement trans-
formés en banques agricoles auraient pu se refuser à payer
la patente en vertu de la législation déjà existante. Toute
Société strictement mutuelle, c'est-à-dire n'opérant qu'avec
ses propres membres, est exempte de la patente. La loi
du 9 novembre 1894 n'innove donc qu'au profit des socié-

tés fondées par quelques syndiqués, et opérant avec des syndiqués non sociétaires. Bien entendu, cette faveur est subordonnée à une condition, c'est que la Société ne se permette que des « opérations concernant l'industrie agricole », avec les seuls membres du syndicat. On peut donc se demander si le fisc n'aura pas le droit d'examiner les livres et de s'assurer que la condition est observée. Cette ingérence sera particulièrement vexatoire.

L'article 5 remplace les conditions de publicité ordinaires par des formalités spéciales. M. Méline avait demandé le dépôt des statuts à la préfecture, M. Mir avait substitué la sous-préfecture au chef-lieu du département, en un mot les deux premiers projets se rapprochaient des prescriptions de la loi organique des syndicats, promulguée en 1884, et stipulaient le dépôt des statuts entre les mains de l'autorité administrative.

La commission sénatoriale préféra s'inspirer de la loi de 1867 sur les Sociétés, et demanda le dépôt au greffe de la justice de paix et au greffe du tribunal de commerce. Seulement, la nouvelle loi de 1894 fait déposer au greffe du tribunal de commerce les statuts, la liste des administrateurs et des sociétaires, *par l'entremise du juge de paix*, ce qui entraîne la perception d'un nouveau droit. De plus, elle oblige les Sociétés de crédit à communiquer aux deux greffes, chaque année, dès la première quinzaine de février, la liste de leurs membres et le tableau de leurs opérations. C'est une dépense à laquelle n'est tenue, ce nous semble, aucune autre Société. Par dérogation à la loi de 1867, il n'est plus nécessaire de publier un extrait des statuts dans un journal dont un exemplaire est visé et enregistré au droit fixe. C'est uniquement sur ce point que la loi simplifie les formes de publicité : si l'on en juge par les rapports et les débats parlementaires, le législateur avait l'illusion de faire davantage.

Le nouvel article 6 sanctionne la responsabilité des administrateurs, mais il ne se borne plus, comme dans les deux premiers projets, à rappeler, en termes généraux, le principe de l'art. 1382 du code civil et l'art. 9 de la loi de 1884, il édicte des pénalités rigoureuses, sans préciser et limiter les cas où elles seront applicables. Ces pénalités sont : l'amende de 16 à 200 fr. et la dissolution de la Société. Ainsi, toute violation quelconque de la loi, si légère soit-elle, peut entraîner une condamnation correctionnelle et la dissolution. Cette sévérité est évidemment excessive. On ne peut s'empêcher de rapprocher de notre art. 6 les dispositions modérées de la loi de 1867, qui prend soin de limiter à certains cas spéciaux les responsabilités pénales, et sanctionne par des nullités civiles les autres violations. Si l'on veut appliquer à la lettre la loi de 1894, on arrivera à des exécutions injustes. Il faudra, par exemple, frapper d'une amende les administrateurs qui, faute de données suffisantes, n'auront pu fixer dans les statuts le maximum des dépôts à recevoir et des prélèvements à opérer. De plus, la Société encourra, pour le même fait, la dissolution. C'est une législation despotique.

Art. 7. La présente loi est applicable à l'Algérie et aux Colonies.

La loi du 5 novembre 1894 ne saurait avoir, ce nous semble, la portée que lui ont attribuée ses auteurs. Ceux-ci, pensaient fonder une œuvre considérable; ils auront tout au plus rappelé au pays et aux directeurs de syndicats la question si urgente du crédit rural. Remarquons, d'abord, que le droit commun autorise déjà tout citoyen majeur et maître de ses droits à constituer une association de crédit, fut-ce exclusivement à l'occasion d'entreprises agricoles et au profit de cultivateurs réunis en syndicats : Il n'était pas besoin d'un texte nouveau pour donner à un groupe d'agriculteurs la faculté de fonder une Société annexe au syndicat. Quelle

liberté nous a donc concédée la loi de 1894? Une seule, encore
est-elle peu réalisable : Désormais, chaque syndicat agricole
pourra se transformer *tout entier* en banque mutuelle. Cette
faculté, disons-nous, sera mise à profit assez rarement, car
l'adhésion unanime des associés, indispensable à la transformation du syndicat, sera difficilement obtenue. Les cultivateurs, satisfaits du rôle modeste et tranquille de leur association professionnelle, craindront d'en compromettre le succès
en mêlant à l'étude et au souci de leurs intérêts agricoles, des
préoccupations financières. Les faillites des banquiers, les
banqueroutes de plusieurs Sociétés ont mis, plus que jamais,
leur défiance en éveil. Ils ont le droit de se demander s'ils ne
perdront pas sans retour la part d'action dont ils doivent
verser non seulement le dixième, comme le stipule la loi de
1867, mais au moins le quart.

Sans doute, les administrateurs inspirent confiance à chacun, par leur bon renom et par leur fortune, mais comment
espérer que parmi cette foule d'adhérents, venus de tous les
points de l'arrondissement ou même du département, il ne se
trouvera pas un bon nombre d'insolvables ou de retardatai-
res qui mettront en souffrance les affaires de la Société ? Ces
considérations sont de nature à inquiéter un agriculteur sage
et réfléchi. Peut-être trouvera-t il plus de sécurité dans une
banque distincte du syndicat : L'initiative de la fondation
sera venue, assez souvent, de quelques hommes d'action, habi-
tués aux affaires, et le choix des administrateurs aura été
déterminé par l'habileté qu'ils ont mise à gérer leur propre
fortune. Cependant, là encore, le cultivateur courra à peu
près les mêmes risques, car la Société de crédit est fondée
pour tous les syndiqués sans exception : Or, nous avons
insisté, dans le précédent chapitre, sur l'obligation de limiter
le territoire de la banque, de façon à permettre aux associés
de bien se connaître et de surveiller soit les variations qui

peuvent survenir dans la fortune de chacun, soit l'usage des emprunts. MM. Méline et Mir, mieux que leurs devanciers, ont pressenti la vraie solution, mais au lieu d'avancer jusqu'au bout dans la bonne voie, ils se sont arrêtés à mi-chemin. Ce n'est pas sur tout le territoire d'un syndicat agricole qu'ils devaient étendre le domaine des banques rurales, ils devaient le maintenir dans des limites plus étroites. Comment les agriculteurs de tout un arrondissement, ou même de tout un canton, auraient-ils des notions précises sur la solvabilité plus ou moins durable de chacun d'eux ? M. Méline, nous le reconnaissons, a mieux fait que créer une banque centrale, il a rompu avec des utopies sans avenir et donné aux tentatives du législateur une orientation nouvelle en même temps que sûre ; cependant la réalisation par trop incomplète de son idée n'aura apporté qu'un insuffisant secours aux classes rurales. Comme toute Société de crédit trop éloignée de sa clientèle, les banques nouvelles seront exposées à deux excès, ou bien elles consentiront des prêts hasardés, ou bien elles fermeront leurs guichets à plus d'un agriculteur. Dans ce dernier cas, elles provoqueront bien des jalousies et des protestations, car il leur est impossible de discerner, avec une infaillible certitude, parmi cette foule d'adhérents, ceux qui méritent un emprunt et ceux qui en abuseront. Même en s'appliquant à rester prudentes, c'est un peu au hasard qu'elles distribueront leur fonds de roulement, et si quelque associé ne peut obtenir le prêt qu'il sollicite, il ne manquera point de dire, bien haut, que tel insolvable a été mieux accueilli. L'autorité des administrateurs en sera amoindrie et le crédit, au lieu de venir en aide à tous les travailleurs de bonne volonté, ira parfois à leurs dépens s'égarer sur la tête de plusieurs indignes. Ces inconvénients se manifestent surtout dans les Sociétés annexes aux syndicats. Là, ce ne sont pas seulement les sociétaires, les gens pourvus d'une action qui viennent solliciter un prêt. Ce sont, aussi, tous les autres syndiqués. Ces derniers seront d'autant plus enclins à dénigrer une gestion prudente, qu'ils se trouvent à l'abri des conséquences ruineuses que peut amener la faillite de la banque.

Ils ne perdront pas même une coupure d'action. Les associés, au contraire, sont exposés à perdre le montant de leur souscription, si les statuts ne les ont encore soumis à une responsabilité plus étendue. Ceux-là seuls sont intéressés à une sage administration. Les syndiqués étrangers à la banque verront presque toujours, avec indifférence, survenir une faillite qui n'amoindrit pas même d'une fraction leur patrimoine.

Si nous résumions les indications précédentes, nous pourrons conclure que la loi de 1894 ne résout pas le problème du crédit agricole. La seule innovation qu'elle consacre, c'est de permettre aux syndicats de se transformer en banques; or, le territoire des syndicats est, en général, trop étendu pour permettre à l'administration de bien connaître les emprunteurs. C'est, tout au plus, dans les associations d'un faible rayon, que la loi nouvelle sera susceptible d'une application satisfaisante. Encore pensons-nous que la banque gagnerait à se localiser dans des limites plus étroites.

Après avoir étudié le fond même de la loi, examinons les privilèges qu'elle accorde aux nouvelles Sociétés de crédit. Nous reconnaîtrons que, là aussi, l'innovation n'est pas très heureuse : l'art. 3 remplace par de nouvelles formes de publicité les conditions imposées par le titre 4 de la loi de 1867. C'est là tout le changement. Or les formalités nouvelles nous paraissent plus onéreuses que les formalités anciennes. Non seulement le dépôt des statuts au greffe de la justice de paix est obligatoire sous le régime des deux lois, mais, en vertu du texte nouveau, le dépôt des statuts au greffe du tribunal de commerce, au lieu de s'opérer directement, doit se faire par l'entremise du juge de paix, ce qui entraîne, avons-nous dit, la perception d'un nouveau droit. La loi de 1894, il est vrai, dispense les Sociétés de crédit de publier un extrait des statuts, dans un journal dont un exemplaire est visé et enregistré au droit fixe; mais, en général, cette formalité eût été peu coûteuse, car les journaux, par sympathie en faveur des institutions populaires, eussent accordé la publication gratuite. C'est ainsi qu'ils en ont usé envers les caisses rurales, Sociétés à capital variable et en nom collectif, fondées en France depuis trois ans. Au reste, si nous sommes bien informés, la dépense n'eût pas excédé cinq francs environ.

A côté de cette disposition bienveillante, l'art. 5 oblige les Sociétés de crédit à déposer la liste de leurs membres et le tableau de leurs opérations, chaque année, dans les deux greffes. C'est une aggravation à la précédente législation, un accroissement de dépense évaluée à trente francs. Ainsi, la loi exempte les nouvelles banques d'une dépense unique de cinq frans, et leur impose une dépense annuelle de trente francs environ qui n'est exigée d'aucune autre Société. Mieux vaut le régime de 1867. Ce régime reste d'ailleurs applicable aux nouvelles banques agricoles anonymes, en ce qui concerne leur constitution. En effet, la loi nouvelle n'établit aucune dérogation aux règles relatives à l'acte de Société et à sa constitution. Cette opinion, il est vrai, a été contestée par M. Boullaire (1), mais nous ne saurions y souscrire. On sait avec quelle méfiance le législateur français a autorisé les Sociétés anonymes : Sous l'empire du code de 1807, elles ne pouvaient se fonder qu'après un décret rendu en Conseil d'Etat ; et si la loi de 1867 est venue les dispenser de toute

____

(1) *Bulletin de la Société des agriculteurs de France*, février 1895 et août 1895.

autorisation, c'est en protégeant les tiers contre les conséquences de la responsabilité restreinte, substituée par les
sociétaires à la responsabilité de droit commun. Cette sauve-
garde est obtenue au moyen de certaines formalités d'ordre
public. Si un texte n'y déroge en termes exprès, elles doivent
être maintenues. Or la loi du 5 novembre 1894 déroge simplement aux modes de publicité édictés par le titre 4 de la loi
de 1867 ; nous en concluons que les trois premiers titres de
cette dernière loi doivent garder leur pleine et entière application. Si la Société est à responsabilité limitée, comment le
versement pourrait-il, d'ailleurs, être constaté, si ce n'est par
une déclaration notariée, par des statuts notariés, en un mot
selon les règles établies par les art. 1 à 24 de la loi de
1867 ? Si la Société est à capital variable, comme le prévoit
l'art. 1 de la loi Méline, par quel texte législatif sera-t-elle
régie, si ce n'est par la loi de 1867, qui a établi cette forme de
Société ? Telle est d'ailleurs l'opinion très explicite de M. Labiche, rapporteur : « Tandis que la proposition adoptée par la
Chambre était une dérogation à la loi de 1884 sur les syndicats, le présent projet complète la loi du 24 juillet 1867 sur
les Sociétés ». Le document législatif dû à l'initiative de
M. Méline ne crée donc pas une forme inédite de Société, pas
plus qu'il n'exempte les banques agricoles de l'application
des principes généraux édictés par le code civil : Ainsi, le
titre 3 livre III, et le titre 9 du code Napoléon régissent les
Sociétés de crédit fondées en vertu de la loi nouvelle, et le
livre premier titre 3 du code de commerce leur est applicable, comme les trois premiers titres de la loi de 1867, selon
les cas.

En résumé, toute Société fondée en vertu du texte nouveau
sera, suivant le choix de ses fondateurs, Société en nom collectif, ou anonyme et à capital variable. Dans la première hypothèse, elle sera régie par le code de commerce, et, au second

cas, elle suivra les prescriptions de la loi de 1867. Seulement, elle sera *syndicale,* et ce caractère particulier, qui ne change en rien son essence, lui vaudra certains avantages, certaine bienveillance de la part du législateur.

A notre avis, la législation déjà existante suffisait aux hommes d'initiative qui auraient voulu entreprendre, chez nous, d'organiser le crédit rural. Confier aux syndicats le soin d'en recommander l'usage, les inviter à préparer des conférences, à fournir des renseignements, ou même le personnel dirigeant des premières Sociétés, voilà où devait se borner l'action des commissions parlementaires; mais, transformer les syndicats eux-mêmes en banquiers (car c'est là toute l'innovation), mais ajouter à leurs soucis professionnels des spéculations financières, c'est les exposer à des essais malheureux qui peuvent compromettre définitivement la cause du crédit agricole (1).

---

(1) Congrès des syndicats agricoles. — Angers, mai 1895. Vœu tendant à réviser la loi de 1895, à supprimer les formalités annuelles de publicité et de dépôt, à remplacer la responsabilité correctionnelle des administrateurs, par la responsabilité civile de droits communs. — Cf. aussi Maurin, *Démocratie rurale,* 2 juin 1895.

CHAPITRE IV

DES BANQUES DE CRÉDIT AGRICOLE EN ALLEMAGNE

I. Vorschussvereine. — II. Darlehenskassen. — III. De la solidarité dans les Vorschussvereine et plus spécialement dans les Darlehenskassen. — IV. Extensions des Darlehenskassen en dehors de l'Allemagne.

I

C'est en Allemagne que les fondateurs de banques agricoles ont su le mieux s'assujettir à l'observation des faits, pour en dégager les principes essentiels du crédit rural. Aussi, les statuts de ces banques sont-ils réputés comme les modèles qu'il faut imiter : « Si l'on veut vraiment fonder le crédit agricole en France, dit M. Paul Leroy-Beaulieu, on n'a le choix qu'entre le type Schulze-Delitzsch (les vorschussvereine) et le type des sociétés Raiffeisen (Darlehenskassen), l'un s'inspirant, plutôt, des notions économiques, l'autre, des sentiments charitables. En tout cas, il faut rejeter impitoyablement toute direction, toute suggestion de l'Etat. Il convient de procéder localement » (1). Ces institutions de crédit sont des Sociétés mutuelles, à responsabilité indéfinie et solidaire, mais tandis que les banques de Schulze Delitzsch constituent un capital, les banques de Raiffeisen n'ont pas de fonds social.

Nous allons étudier en détail les caractères distinctifs de chacune d'elles, en commençant par les Vorschussvereine, dont les statuts, conformes aux traditions intéressées de la

---

(1) Etudes sociales : *La coopération. Deux-Mondes*, 1er déc. 1893.

pratique financière, établissent le versement d'une action et la répartition de dividendes.

Disons, d'abord, un mot de l'homme désormais célèbre qui les a fondées. Hermann Schulze est né à Delitzsch, dans la Saxe prussienne, en 1808. Il resta inconnu jusqu'au jour où, devenu juge dans sa ville natale, il révéla soudain les fortes qualités de son esprit.

C'était en 1846. Une disette cruelle enchérissait à l'excès le prix du pain, au détriment des classes populaires. Schulze forme une Société coopérative de consommation, il loue un moulin, achète du blé, crée une boulangerie, et vend le pain à un taux très inférieur à celui du cours. En 1848, sa popularité lui valut les suffrages de ses compatriotes qui l'envoyèrent à l'Assemblée nationale. Mais vint la dissolution de la Chambre, et le député d'hier dut s'expatrier dans la province de Posen en qualité de juge. Pour en finir avec l'exil, il démissionna et revint à Delitzsch. C'est là qu'il fonda, en 1850, sa première banque ou *Vorschussverein* (association d'avances).

Neuf ans après, il en avait créé 183, et le moment lui parut alors opportun de fonder une agence centrale. Plus tard, il rattacha les banques des diverses provinces en unions. Si l'on en croit le *Jahresbericht* de 1892, revue publiée par le comité central des Vorschussvereine, l'Allemagne en compte aujourd'hui 4,790 (1) qui ont prêté en 1890 1,641 millions de marcks (2).

Schulze est mort en 1883 laissant la direction de son œuvre au Dʳ Schenck et au Dʳ Crueger.

Quand nous avons dit que les Vorschussvereine s'inspirent des doctrines consacrées en matière d'institution financière,

---

(1) *Econ. franç.*, 4 nov. 1893.
(2) Cauwès, t. III, p. 311.

nous avons fait allusion aux caractères distinctifs que voici : Les associations ont un *capital,* formé au moyen de modiques versements mensuels, qui ont l'heureux effet de contraindre et d'habituer à l'épargne l'ouvrier des villes.

Un droit d'admission, exigé de chaque adhérent, et une retenue, opérée sur les bénéfices de la Société, servent à constituer une réserve. Le jour où la banque devra faire face à ses engagements, elle prélèvera sur sa réserve, puis, s'il y a lieu, sur le fonds social.

Qui dit *capital* dit *bénéfices* à distribuer, *actionnaires* à rémunérer. Aussi, les gains réalisés sur les opérations de la banque sont-ils répartis, sous forme de *dividendes,* en proportion des parts sociales, de telle sorte que les associés amplement munis d'actions reçoivent la plus large part, lors même qu'ils se sont abstenus de tout emprunt. Dans ce dernier cas, les dividendes sont prélevés sur les opérations des gens besogneux. Ceux-ci, par leurs nombreux emprunts, font la prospérité de la caisse, les autres en recueillent le profit. Si l'on en croit M. Jaurès, député (1), le taux des dividendes s'élèverait, dans certaines Sociétés, jusqu'à 30 0/0. C'est que la philanthropie n'a ·· ·r faire dans les Associations de Schulze. Sans doute, elles   constituées pour distribuer le crédit, mais elles attirent les actionnaires et les déposants par l'espérance d'un lucre. « Il faut de l'argent, attirons-le par une forte rémunération ; il faut des administrateurs vigilants, stimulons leur activité par un *tant pour cent* sur les opérations de la banque, car nul mobile n'est aussi puissant que l'intérêt, et si quelques sociétaires, dont la solvabilité nous est connue après enquête, sollicitent une somme d'argent, peu nous importe l'utilité de leur emprunt, il nous suffit d'être remboursés en temps voulu. Un financier ne perd pas son temps à conseiller

---

(1) *Officiel.* Séance 25 octobre 1891.

la clientèle agricole et à faire son éducation économique, c'est déjà beaucoup de procurer du crédit à qui en est dépourvu. Si l'emprunteur est maladroit, sans expérience, s'il a mal calculé sa spéculation, qu'il ne s'en prenne qu'à lui-même ». C'est là l'esprit des Vorschusvereine.

A la constitution d'un capital, Schulze ajoute la responsabilité solidaire. En effet, le fonds social n'est point souscrit, en général, par de riches actionnaires, mais par de pauvres gens qui ne peuvent verser qu'une somme modique; aussi, le capital formé par l'addition de ces coupures ne peut être très considérable. Mais, qu'à cette première garantie les sociétaires en ajoutent une autre, que *chacun* d'eux s'engage à rembourser d'abord ses emprunts, puis les dettes de ses co-associés, dès lors les déposants auront pleine confiance. Quelques sociétaires peuvent tomber malades ou hasarder de malheureuses spéculations, mais les autres auront réalisé des bénéfices à l'aide du capital emprunté, ils seront en possession d'un petit patrimoine et capables d'acquitter, en outre de leur dette, une quote-part des dettes d'autrui.

Les Sociétés Schulze-Delitzsch s'adressent moins aux agriculteurs qu'aux ouvriers des villes et aux industriels. Les causes de cette particularité sont les suivantes : la nécessité de verser une coupure d'action éloigne la clientèle agricole, car il n'est pas facile au cultivateur de prélever, sur ses maigres revenus, la fraction que l'ouvrier des villes soustrait de son salaire mensuel. De plus, les prêts ne sont accordés qu'à un taux assez élevé (6 0/0), de façon à augmenter le chiffre des dividendes; et le loyer des capitaux ne dépasse pas un délai de trois mois au maximum. Nous avons vu combien cette échéance s'accorde peu avec les besoins du paysan.

Enfin, la banque, pour être localisée, n'est pas cependant enserrée dans des limites assez étroites. A notre avis, le crédit rural devant être organisé en faveur d'une majorité d'inconnus, et, par suite, ne pouvant être distribué avec sûreté qu'au moyen d'une enquête minutieuse, il est nécessaire de rapprocher le plus possible l'emprunteur et l'institution qui lui fait crédit. Etablir une seule banque pour toute une ville industrieuse et peuplée, étendre, parfois, son rayon au delà de plusieurs villages, c'est rendre difficile cette enquête. Sans doute, au moment de l'emprunt, le Vorschussverein se renseigne sur la solvabilité des associés et sur la mesure de crédit qu'ils méritent, mais les informations recueillies auprès d'intermédiaires éloignés et de voisins qui répondent d'après leurs sympathies ou leurs rancunes, n'ont pas toute la sûreté requise. De là viennent, peut-être, quelques-uns des revers qu'on signale parmi les Vorchussvereine d'Allemagne. De 1875 à 1886, M. Durand compte 36 faillites et 174 liquidations judiciaires sur 1,000 banques du type de Schulze (1).

Ces désastres financiers ont encore une autre cause : Les administrateurs, recevant *tant pour cent* sur les opérations, sont portés à en accroître le nombre. La Société elle-même y est intéressée, car elle obtient, de la sorte, des dividendes plus considérables. De là une tendance à activer le mouvement des affaires, au risque de consentir des prêts improductifs. Il est regrettable aussi que l'association ne contrôle pas d'avance l'emploi des fonds. A vrai dire, il suffit à la banque d'être remboursée dès l'arrivée du terme, mais est-elle bien sûre de réaliser sa créance si l'emprunteur va perdre, dans une entreprise inconsidérée, le capital emprunté? Plus encore, pourra-t-elle obtenir, à défaut d'un remboursement à échéance fixe, une compensation quelconque? L'ouvrier n'a d'autre réserve que ses modiques épargnes. Heureux encore s'il possède cette réserve. Qu'il emprunte sans profit, qu'il soit impuissant à payer sa dette, et la Société de

____

(1) *Op. cit.*

crédit, en la plupart des cas, ne trouvera aucun bien qui puisse suppléer, ne fût-ce qu'en partie, au remboursement promis. La remarque nous paraît d'autant plus fondée, que les vorschussvereine sont composés, en majorité, d'ouvriers de ville, en possession d'un salaire mensuel, il est vrai, mais dépourvus des champs, des troupeaux, du patrimoine, qui font la modeste fortune du cultivateur.

En résumé, nécessité de souscrire une part d'action et un droit d'entrée, date trop prochaine de l'échéance, taux élevé de l'intérêt permettant de distribuer de gros dividendes, étendue excessive du territoire, ce sont là des traits en opposition avec les exigences du crédit rural. Examinons si le type des banques Raiffeisen se prête mieux à ces exigences (1).

II

Frédéric Raiffeisen est né en 1810 à Hamm, province rhénane (2). Il se destina d'abord à la carrière militaire, mais sa faible santé l'obligea à chercher une vie plus sédentaire dans l'administration civile. Devenu bourgmestre de Weyerburch, il se fit remarquer, en 1848, par la fondation d'une Société de consommation, à peu près dans les mêmes circonstances qui mirent au jour la vocation de Schulze. En 1849, il fonda, à Flammersfeld, la première banque ou Darlehenkasse (caisse de prêt) selon le système qui lui est personnel. Nommé bourgmestre de Heddesdorf, en 1852, il établit dans cette ville sa seconde caisse rurale, et, quand la cécité l'eut obligé au repos, il n'en continua pas moins, par la parole, sa difficile propagande. Il mourut en 1888, léguant à son fils et au Dʳ Cremer, la direction de son œuvre.

---

(1) L. Guérin, *Les caisses rurales et le crédit agricole*, Lille, Ducolombier, 1891.
(2) Benoît-Lévy, 6ᵉ congrès des banques populaires françaises. Bordeaux, mai 1891, conférence.

Les caisses de prêt sont, aujourd'hui, répandues dans toute l'Allemagne. Quel est exactement leur nombre dans le pays où elles sont nées? C'est une question qui a donné lieu à des réponses bien contradictoires. Ainsi, pour citer seulement quelques auteurs, l'*Economiste français* du 4 novembre 1893 signale, en Allemagne, 1,172 Darlehenskassen; M. Cauwès en compte 1,300 (1), enfin le Comte de Rocquigny (2) élève ce chiffre à 1,700. Ne parlons que pour mémoire des évaluations qui se réfèrent à des statistiques vieilles de dix ans, ou à des documents incomplets. Telles sont les informations données par M. de Malarce dans l'*Echo du Parlement* du 4 mai 1894. En général, les auteurs ne donnent que des statistiques partielles. En effet, les caisses rurales sont groupées en fédérations. Or, les auteurs donnent le chiffre de quelques fédérations sans paraître soupçonner qu'il en existe bien d'autres.

Neuwied, Wurtemberg, Westphalie, province Rhénane sont les centres les plus connus. Ils ne sont pas les seuls. Nous devons y ajouter, par exemple, l'union d'Offerbach et les groupes si nombreux de la Franconie, de la Pologne et de l'Alsace. A Bade, un groupe est en voie de formation. A voir un écart aussi sensible entre les évaluations fournies par la généralité des statistiques et par M. Durand dans le *Bulletin des caisses rurales françaises* (août 1894 et juillet 1895) serait-on tenté de mettre en doute l'exactitude des chiffres proposés par le *Bulletin*, si l'indication précise des sources ne facilitait le moyen de les contrôler. M. Durand, analysant le rapport annuel du Dʳ Schenck pour 1891, compte 2,677 caisses, réparties en cinq fédérations. Or, le Dʳ Schenck reconnaît que ces statistiques sont incomplètes, et M. Durand cite des caisses rurales qui ont été oubliées dans le rapport. En outre,

------

(1) *Economie politique*, t. III, p. 312.
(2) *Correspondant*, 25 janv. 1894.

depuis l'année 1891, le nombre des Darlehenskassen s'est accru; ainsi la fédération de Neuwied (fondée par Raiffeisen lui-même, et la plus importante par le nombre des caisses adhérentes) s'est augmentée de 200 caisses rurales; M. Durand conclut qu'il y a, en Allemagne, non pas seulement 2,677 banques du système Raiffeisen, mais au moins 3,000.

Voici leurs principaux caractères : comme les Vorschuss-vereine, ce sont des Sociétés mutuelles de crédit à responsabilité solidaire. A la différence des associations de Schulze, elles ne constituent point de capital et ne veulent pas distribuer des bénéfices. L'esprit qui les anime est l'esprit d'assistance réciproque, mais non l'amour du lucre. Enfin, elles sont fondées spécialement pour les agriculteurs : ce dernier trait explique pourquoi les caisses rurales sont aussi étroitement localisées, pourquoi elles prêtent à longue échéance et acceptent des remboursements par annuités, autant de points par lesquels elles se distinguent encore des Vorschuss-vereine.

Il n'y a pas dans l'œuvre de Raiffeisen une seule particularité qui ne soit motivée par le souci de rendre le crédit accessible aux petits agriculteurs et de le faire pénétrer là où il est le plus nécessaire et le moins pratiqué, c'est-à-dire dans les couches profondes de la population agricole.

La caisse Raiffeisen ne demande pas à ses associés de constituer un capital. D'abord, il serait difficile à l'agriculteur de prélever, sur des bénéfices assez espacés, des versements mensuels; de plus, il n'a pas, comme l'ouvrier des villes, d'argent comptant, d'une façon à peu près continue. Il n'aime guère à se dessaisir d'une somme même très modique, ainsi que le remarque M. Bouvet, administrateur de la Banque de Poligny (1), car il a coutume de ne livrer une de ses

____

(1) *Bulletin des caisses*, mai 1891.

pièces d'or qu'en échange d'un service déterminé ou d'un objet palpable. On doit aussi lui rendre cette justice, à savoir que son patrimoine est souvent plus considérable que la fortune de l'ouvrier : celui-ci ne possède que son mobilier, ses épargnes et son salaire, mais le cultivateur a un petit domaine, du bétail, des instruments aratoires, des meubles, des récoltes engrangées. Ces garanties rendent moins nécessaire la constitution d'un fonds social. Toutefois, une loi de 1868 ayant imposé aux Sociétés de crédit allemandes la souscription d'un capital, sans en déterminer le minimum, les caisses de prêt exigent de leurs membres la somme infime de deux marcks. Cette somme reste la propriété du sociétaire et n'est pas plus rémunérée qu'un dépôt.

Puisqu'il n'y a ni capital ni actionnaires, la caisse n'a pas à répartir des dividendes. Néanmoins la même loi de 1868 obligeant les Sociétés de crédit à distribuer une part des bénéfices, les Darlehenskassen en distribuent la vingt-cinquième partie et emploient le surplus à constituer une réserve.

Cette réserve sert de fonds de roulement à la Société et de garantie aux créanciers, en un mot elle a ici la même utilité que le fonds social dans les Vorschussvereine, mais, encore une fois, à la différence du capital souscrit dans les banques de Schulze, elle ne produit pas de dividendes au profit des sociétaires, et jamais elle n'est partagée. Après la dissolution de la Société, elle passe à des œuvres d'utilité publique. Ainsi, les associés ne sont pas tentés de demander la liquidation, en vue de se diviser le capital qui s'est accumulé pendant des années.

Les caisses rurales n'offrent donc pas au rentier-sociétaire un moyen d'accroître sensiblement le taux de ses revenus; elles ne sont pas faites pour les capitalistes qui, cherchant un placement exceptionnel, veulent prendre des actions dans une Société, uniquement en vue de participer aux dividendes.

Si les riches capitalistes veulent entrer dans la Société mutuelle, à titre d'adhérents, ils y seront admis, sans doute ; cependant ils n'y trouveront aucun avantage. Quel est, en effet, le but de la caisse rurale? Distribuer le crédit, à un taux modéré : or, les capitalistes peuvent emprunter ailleurs, aux mêmes conditions, quand ils ont besoin, par extraordinaire, de l'argent d'autrui. Leur adhésion ne peut être inspirée que par un sentiment de charité. S'ils l'accordent, c'est pour augmenter le crédit de l'Association, en ajoutant la garantie de leur fortune à la garantie déjà formée par la réunion des petits patrimoines. Ils savent que les dépôts afflueront, le jour où les gens du voisinage, en quête d'un placement, auront la certitude d'être remboursés, au moins avec les biens des riches associés. Cette intervention des riches est parfois, pour les pauvres gens, le seul moyen d'obtenir du crédit. Les garanties offertes par les petits cultivateurs sont quelquefois si incertaines et si restreintes, dans tel village, que les prêteurs y feront toujours défaut, si les propriétaires jouissant de l'aisance ne viennent en aide aux humbles. Comment leur accorder un utile secours? Sous forme de dons? Au moyen de prêts qui ont toutes les apparences d'une aumône? Il y a un procédé plus noble et plus moralisateur. C'est d'entrer, à titre de simple associé, dans une banque mutuelle, de fortifier par son propre crédit, l'insuffisant crédit des pauvres, et de les habituer ainsi aux opérations financières, à l'exactitude, à l'ordre, à l'initiative, en même temps qu'on les amène à l'aisance.

Cependant quelques critiques ombrageux, tels que M. Jaurès, député, au lieu d'approuver l'intervention des riches dans les caisses rurales, la prennent en défiance et prétendent qu'elle est un système d'oppression en faveur d'une féodalité nouvelle. Ils vont jusqu'à y voir un vice d'organisation qui discrédite, à leurs yeux, l'œuvre entière de Raiffeisen. Ils oublient que le secours apporté aux pauvres par les riches,

n'est pas un caractère essentiel ou une coutume permanente
des ca* s rurales. Bien au contraire, la majorité se compose
d'agriculteurs du même village, dont la situation pécuniaire
est à peu près identique. S'il existe, entre les associés, quelque
inégalité dans l'apport de crédit et de garanties, cette inégalité n'est contraire ni aux principes du droit ni même à la
pratique des autres Sociétés.

Nous avons dit qu'il n'y avait dans les caisses rurales aucun
bénéfice en faveur de qui que ce fût.

Les administrateurs eux-mêmes exercent gratuitement leurs
fonctions, car le mobile de la Société est ici la mutuelle
bienveillance, comme le désir du lucre est l'âme des associations de Schulze. Peut-être un pareil dévouement dépasse-t-il
l'abnégation dont quelques agriculteurs se sentent capables.
C'est, alors, aux *autorités sociales,* comme dit Le Play, de se
donner à ces fonctions désintéressées; c'est, par exemple, au
maire, à l'instituteur, au propriétaire aisé, au pasteur ou au
curé qu'il appartient de diriger une œuvre d'utilité commune. Ou bien encore, les sociétaires, mus par le sentiment
de leur propre intérêt, accepteront, à tour de rôle, une tâche
qui ne pourrait être, par conséquent, de longue durée.

Les frais d'administration étant supprimés, il sera facile
de fonder une banque dans les campagnes les plus pauvres;
mais, avantage non moins précieux, la prospérité de la caisse
en sera plus assurée. Quand des administrateurs ne *prélèvent*
aucune rétribution sur les opérations; quand ils subissent,
au contraire, comme tous les autres associés, les conséquences de leur mauvaise gestion, ils sont intéressés à rester pru-
dents. Néanmoins, comme il faut éviter tout préjudice aux
hommes dévoués qui consacrent leur temps au bon fonctionnement de la Société, le caissier reçoit une juste indemnité.

N'ayant pas à distribuer de dividendes, la Société peut louer
les capitaux à un prix modéré. Il lui suffit d'un léger écart

entre le taux des prêts qu'elle accorde et le taux où elle emprunte. Elle peut aussi se contenter d'affaires modestes, mais sûres. L'emprunteur, du reste, est nécessairement connu, puisque le territoire est limité à l'étroit, puis, si connu qu'il soit, on ne lui fait pas crédit trop aisément. Un *conseil d'administration* nommé par l'Assemblée générale décide si tel solliciteur est assez rangé, assez honnête, assez solvable pour être admis comme associé. Ce *conseil* veut savoir l'objet de l'emprunt, en vérifier l'utilité, en contrôler l'usage, il fixe le terme du payement, exige une caution, puis, examine si, en faveur de tel sociétaire, la caisse rurale peut accorder un prêt qui dépasse le maximum fixé par l'Assemblée générale.

Un *Comité de surveillance,* nommé par cette même Assemblée, s'assure que les décisions du conseil d'administration ne sont pas trop complaisantes ou arbitraires. C'est lui qui vérifie, tous les trois mois, la solvabilité des emprunteurs et la valeur des garanties. Si ces garanties ont diminué, le conseil exige qu'elles soient accrues, ou réclame le remboursement, trente jours après avoir adressé un avertissement. On voit si les précautions usitées dans les caisses rurales sont minutieuses et multiples : Elles justifient et expliquent le témoignage que portait M. Raiffeisen fils, au quatrième Congrès des banques populaires de France, tenu à Lyon, en mai 1892 : « Depuis 1849, dit-il, c'est-à-dire depuis quarante-trois ans, pas une seule des caisses qui existent (et il s'en compte pas milliers) n'a fait perdre à ses membres un centime. *Pas une seule n'a fait faillite.* J'affirme ici hautement ce fait, ajoute-t-il, bien que M. Courtois, dans son ouvrage sur le crédit populaire, l'ait mis en doute » (1).

Mais il est une coutume des caisses rurales si bien appropriée aux conditions du travail agricole, qu'il nous semble

---

(1) Acte du Congrès de 1892, p. 67.

essentiel de la mettre particulièrement en lumière. Nous voulons parler des remboursements fractionnés.

En principe, avons-nous dit, les prêts à courte échéance ne sauraient être utiles au cultivateur, car celui-ci est tenu, avant d'acquitter sa dette, d'attendre une époque lointaine. L'argent qu'il emprunte pour acheter des engrais, des semences, du bétail, ne retrouve sa première forme qu'après la vente des récoltes. Si, dans l'intervalle, l'agriculteur perçoit diverses recettes, provenant de ses cultures accessoires ou même des bénéfices qu'il tire progressivement du capital emprunté, ces recettes sont trop minimes pour servir à acquitter la dette. Le créancier ne veut pas de ces remboursements partiels qu'il lui serait impossible d'employer en placements productifs. Mais ce que de simples particuliers ne peuvent consentir est facile à la caisse rurale. Grâce au mouvement de ses affaires, elle peut employer sans retard, d'assez minimes fractions, puisque le paysan ne demande souvent qu'un prêt modique. D'ailleurs, en réunissant les payements partiels, remis par divers débiteurs, la caisse parvient à constituer une somme suffisante. Elle ne peut donc perdre beaucoup à cette tolérance ; l'emprunteur y perd moins encore. Il n'est plus tenté de prodiguer, en frivoles dépenses, cette menue monnaie qui, à vrai dire, ne lui appartient pas. En outre, il bénéficie des intérêts qu'il n'a plus à payer sur la portion de capital remboursée, et c'est là un avantage considérable, comme nous le prouve le calcul suivant : Supposons qu'un agriculteur emprunte à 4 °/₀ la somme de 600 francs pendant un an, avec la faculté de se libérer par fractions de 200 francs, tous les quatre mois. Pendant les quatre premiers mois, c'est sur la somme totale qu'il paye le taux convenu, soit 8 francs, mais dans les cent-vingt jours qui précèdent le payement, il ne sert cet intérêt que sur 200 francs, soit 2 fr. 70. Entre ces deux dates, il

n'avait entre les mains qu'un capital de 400 francs. En définitive, il a loué l'argent de la caisse, au taux moyen de
2 fr. 66 %, et mieux lui a valu promettre 4 % avec faculté
de remboursement partiel, que souscrire un emprunt au taux
de 3 1/2 sans cette faculté. A peine avons-nous besoin d'observer qu'une banque ordinaire ne pourrait employer gratuitement son temps à percevoir des fractions de dette aussi modiques, ou parfois plus minimes encore. Il lui faut des opérations
lucratives, puisqu'elle doit, avec le capital d'autrui, non seulement faire des bénéfices qui lui permettront de prospérer,
mais encore rémunérer les déposants. La caisse rurale ne dis-
tribuant aucun dividende ne cherche qu'à constituer lentement une réserve, c'est-à-dire un surcroît de garanties, et
limite plus aisément ses profits. Elle pourra donc à loisir, et
sans prélever une retenue, prendre note des recouvrements
partiels, les déduire de la dette entière, tenir en détail une
comptabilité facile mais longue, en un mot s'assujettir à ce
même travail qui paraîtra onéreux à tout banquier s'il n'y
trouve un gain. D'ailleurs, le territoire d'une caisse agricole
est peu étendu, les associés sont en nombre restreint, et le
soin de recouvrer par acomptes diverses créances ne saurait être une lourde tâche. Il n'en est pas ainsi dans les
banques ordinaires.

De toutes les institutions de crédit agricole, proposées à
l'examen et à l'approbation des économistes, les caisses de
prêt nous semblent donc les mieux adaptées à leur objet.
Sans doute, les systèmes des législateurs français ont plus
d'ampleur et de luxueuse ordonnance. Les esprits chagrins
ne peuvent leur reprocher qu'un défaut, c'est de s'écrouler,
quand on les fait descendre des nuages de la spéculation sur
le terrain de la pratique. Encore une fois, on n'éludera
jamais la réalité. Les petits agriculteurs sont inconnus, leurs
garanties sont incertaines ou prêtes à disparaître, ils n'ob-

tiendront l'argent des capitalistes que dans l'étroit rayon où leur solvabilité peut être surveillée, et seulement le jour où ils auront réuni, par l'association, des sûretés suffisantes. Depuis un demi-siècle, l'agriculture française cherche les moyens d'obtenir du crédit. Économistes et législateurs, obstinés dans leurs conceptions *à priori*, n'ont pas su les lui procurer. Aussi, cette impuissance a fait croire à d'excellents esprits que le crédit agricole est une vaine utopie. « Il faut bien croire que l'agriculteur n'a pas besoin de capitaux, disent MM. Barail et Sagnier, dans leur excellent dictionnaire d'agriculture, puisqu'il refuse, depuis longtemps, ceux qu'on lui offre ». Voilà le beau résultat des enquêtes, des projets et des lois qui se sont succédé depuis 1849. Il est temps de laisser de côté nos théories et de prendre, enfin, les conseils de l'expérience. Nous avons, près de nous, une institution qui'a fait ses preuves, pourquoi ne pas l'implanter en France ? Pourquoi ne pas adopter, à notre tour, l'excellente solution que les caisses Raiffeisen ont réalisée, au lieu de nous attarder, sans profit, à l'étude d'un problème que nous paraissons incapables de résoudre?

Nous reconnaissons qu'une objection sérieuse contre le système Raiffeisen a été souvent renouvelée : le principe de la solidarité paraît, au grand nombre des économistes, d'une application dangereuse. Nous croyons utile de consacrer tout un paragraphe à l'examen des procédés par lesquels les caisses rurales atténuent les effets de la solidarité : l'objection sera réfutée par là même.

III

Un économiste dévoué à la propagande des Sociétés mutuelles de crédit, le P. Ludovic de Besse, faisait remarquer à l'Assemblée des unions de la paix sociale du 21 mars 1892, que les banques rurales d'Allemagne, après avoir expéri-

menté la solidarité, en avaient hautement reconnu les avantages. En effet, une loi du 1er octobre 1889 les autorise à
limiter la responsabilité des actionnaires. Ont-elles mis à
profit cette liberté? Sur 334 Sociétés fondées depuis la pro-
mulgation de cette loi, 296 ont préféré maintenir la solidarité. Cette même loi autorisait les Vorschussvereine fondés
antérieurement, à répudier désormais ce mode de responsabilité. 164 ont voulu bénéficier du nouveau texte législatif,
mais tous les autres, au nombre de 3,746, s'y sont refusés.
D'après le Jahresbericht des Sociétés coopératives allemandes, au 31 mai 1893, la solidarité domine encore (1).

Les sociétaires affirment donc, après une assez longue
expérience, qu'ils sont intéressés à garantir l'exécution des
engagements les uns des autres. C'est qu'ils ne trouvent pas
de plus sûr moyen d'attirer la confiance des prêteurs. Une
société de crédit, composée d'inconnus, a besoin d'offrir des
garanties exceptionnelles ; or, ils n'en peuvent imaginer de
plus solide. Dans quelques villages, certains agriculteurs,
dont les biens réunis ne forment qu'une collectivité très modeste, n'ont même pas d'autre procédé pour avoir accès au
crédit, si honnêtes et si laborieux qu'ils soient réputés. C'est,
en effet, grâce au concours et à la responsabilité solidaire de
quelque moyen propriétaire, qu'il leur sera possible de participer à la confiance qu'inspirent, seules, la fortune et la probité. Quand une ou plusieurs personnes honorables viennent
répondre, sur tous leurs biens, des qualités de tel débiteur,
on peut être certain de leur sincérité. Mais ne courent-ils pas
de grands dangers?

Les précautions minutieuses auxquelles donne lieu tout
emprunt, dans les banques Raiffeisen, doivent, ce nous semble,
tranquilliser les garants. Rappelons que le comité de direc-

---

(1) *Economiste français*, 13 octobre 1894.

tion des Darlehenskassen décide s'il est bon d'accorder un prêt, et que ses décisions sont contrôlées, chaque trimestre, par un comité de surveillance.

L'emprunteur doit fournir en garantie, quelquefois un gage, rarement une hypothèque, le plus souvent une caution. S'il ne peut rembourser, les administrateurs s'adresseront à sa caution, peut-être aussi trouveront-ils quelque valeur sur son patrimoine, enfin la réserve couvrira les pertes subsistantes. Il est invraisemblable que la majorité des sociétaires devienne insolvable en même temps, après avoir fait preuve d'une situation aisée qui est officiellement examinée tous les trois mois.

Inutile de redire combien l'administration est intéressée à la prudence, puisqu'elle s'exerce par des sociétaires qui subiront, très directement, les effets de leur négligence et répondront, sans limite, des engagements souscrits par leur entremise. Toutefois, si cette administration paraissait à quelques adhérents s'écarter des voies habituelles et sûres, il ne tiendrait qu'à leur libre décision de dégager une responsabilité trop périlleuse, en démissionnant au moment utile.

On voit par quels moyens les caisses rurales atténuent les effets de la solidarité. Tant de précautions sont indispensables; il faut se sentir la force et le courage de les maintenir, si l'on veut fonder une banque à responsabilité solidaire; il faut s'assujettir à une vigilance toujours active et savoir refuser, avec fermeté, le crédit à un incapable. A ces conditions seulement, la solidarité sera sans danger et ses avantages économiques apparaîtront.

Elle aura même, ce nous semble, des effets d'un ordre très élevé : Comme les associés sont tenus, par prudence, de n'ouvrir leur rang qu'à des agriculteurs solvables et honnêtes, comme ils se réservent le droit d'exclure les indignes, chaque propriétaire essaiera, par amour-propre, de mériter une place dans la Société, et la moralité s'élèvera par l'émulation. Il sera même impossible aux sociétaires de rester indifférents au progrès ou au déclin des mœurs : Dans une association où chacun est intéressé à la fidélité des engagements, à la sûreté des garanties, à l'exactitude des payements, chacun, par là même, ressent dans le vif de son égoïsme, les conséquences de l'insolvabilité d'autrui, de sa dissipation, ou de son désordre. Nous croyons avoir montré que des résultats d'une aussi haute portée peuvent être acquis sans trop de risques ; et l'expérience, elle aussi, en donne chaque jour de nouvelles preuves.

IV

En effet, ce n'est pas seulement en Allemagne que les caisses rurales propagent avec succès le principe de la solidarité. En 1883, M. Vollemborg fondait, en Italie, la première banque selon le système de Raiffeisen, et en faisait surgir 50, dans l'espace de sept années. En 1890, M. l'abbé Cerutti, avec le concours des Congrès catholiques, a activé cette diffusion, spécialement dans la Vénétie, la Lombardie et le Piémont, c'est-à-dire dans la Haute-Italie, où le nombre des banques s'élevait, en septembre 1894, à 150 (1). Celles-ci ont un organe propre de publicité : *La cooperatione populare*, que dirige avec compétence l'abbé Cerutti. On sait combien est précaire l'état des finances en Italie; or, la *Coopération populaire* du 15 décembre 1893 donne les renseignements suivants, sur 51 caisses de la fédération que préside M. Vollemborg : Actif, 1,025,299 lires. Réserve, 29,301 lires. Créances en souffrance, 816 lires. La situation de ces caisses est évidemment prospère. L'Autriche-Hongrie a créé 1,460 darlhenskassen, la Suisse 340 (2). En Angleterre, M. Wolf a organisé une

---

(1) *Bulletin des caisses rurales*, août et octobre 1891.

(2) Cauwès, III, p. 313.

Société de propagande, en 1893, et, dès le 3 juillet 1894, il constituait la première caisse à Scawby (Lincolnshire). Ce n'était pas sans difficulté, car les Anglais, attachés à la tradition économique, ne conçoivent pas de Société sans capital et sans dividende (1). En Belgique, l'œuvre n'est aussi qu'à son début, malgré l'active campagne de M. d'Andrimont. Le 23 septembre 1892, la ligue des paysans de Louvain, ou Boër-Enbond, créait la première Darlhenkasse; et, au 15 juillet 1894, le nombre de ces établissements s'élevait à 10. Le parlement belge a décidé, dans la loi du 21 juin 1894, de favoriser la propagation des caisses rurales, il a même autorisé les caisses d'épargne à leur consentir des prêts. M. de Rabago les implante aujourd'hui en Portugal, la Compagnie de Madras essaye de les acclimater dans les Indes, la Chambre de commerce de Constantinople et l'Union des agriculteurs de Québec (Canada) entreprennent, en leur faveur, une propagande désintéressée. Enfin, la Serbie en compte une dizaine depuis 1894, grâce au zèle de M. Avramovitch (2).

En France, les premières tentatives sont de favorable augure : MM. Rayneri et Benoît-Lévy, membres de la Société de propagation du crédit populaire, ont réussi à en créer une vingtaine, et le nombre de leurs fondations est largement dépassé par celui des caisses de prêt dues à l'initiative de M. Durand, depuis le mois de mars 1893, et groupées dans l'*Union générale* qu'il dirige (3). Ces dernières atteignent le chiffre de 380. Elles se sont établies plus particulièrement dans les régions où les liens de famille et de fraternité locale ont mieux résisté aux influences modernes. Ainsi,

---

(1) Wolf, *People's Banks*, 1893 ; London, *Id. A defense against sweating*, 1894.

(2) Dans l'Urugay, M. Garcia Acevedo va essayer d'établir l'œuvre de Raiffeisen.

(3) Congrès international d'agriculture tenu à Bruxelles le 8 septembre 1895. Rapport de M. Durand.

la Bretagne, l'Isère, les Basses-Alpes, les Pyrénées, sont les centres d'une propagande plus active et plus efficace. Ce sont bien ces pays, fidèles à l'esprit des traditions anciennes, et encore attachés à leurs coutumes patriarchales, qui devaient le mieux accueillir l'idée de solidarité et de mutuel appui. Le *Bulletin mensuel,* dirigé par M. Durand, a déjà donné pour l'année 1894 la statistique de 72 caisses de prêt qui cependant ont fonctionné seulement quelques mois ; 17 d'entre elles comptaient une année complète d'existence ; quelques-unes avaient moins de six mois. De ce document, il résulte que ces 72 caisses ont fait, au profit de l'agriculture, un mouvement d'affaires (recettes et payements) dépassant 300,000 fr. Le nombre total des membres est de 1,684 (1), et sur ce nombre, 421 sociétaires se trouvaient avoir emprunté, à la date du 31 décembre, 123,740 fr. au taux moyen de 4 1/2, soit, pour chaque prêt, une moyenne un peu inférieure à 300 fr., ce qui prouve un morcellement vraiment populaire du crédit. L'épargne locale a confié aux caisses 127,187 fr. au taux moyen de 3 0/0. Les bénéfices s'élèvent à la somme de 1,363 fr., et couvrent, largement, les 29 fr. de pertes occasionnées soit par les frais de premier établissement, soit par l'inexpérience du début (2). Le conseil d'administration du « crédit mutuel » de Poligny a décidé : 1° de faire aux caisses rurales, en voie d'organisation, l'avance des frais nécessaires pour remplir les formalités légales, et 2° de recevoir en dépôt, avec un intérêt de 3 0/0, les fonds que celles-ci lui confieraient. Parfois, en effet, elles reçoivent plus d'argent que les emprunteurs ne leur en demandent, et au lieu de refuser ces dépôts, dont elles peuvent, d'une semaine à l'autre, trouver un utile emploi, elles inscrivent les offres et les appellent

---

(1) C'est-à-dire une moyenne de vingt-trois membres par caisse.
(2) *Bulletin des caisses,* 1895.

par ordre de date, ou bien elles placent l'excédent de numéraire à la caisse d'épargne, si ce n'est dans quelque banque,
avec un très léger bénéfice obtenu par la différence des taux
d'intérêts.

Mais, dira-t-on, les capitalistes n'ont guère d'avantage à
prêter leurs fonds à la caisse rurale, s'ils peuvent les déposer
chez d'autres banquiers et garder pour eux-mêmes le léger
bénéfice que prélève la caisse.

Sans doute, répondrons-nous, les capitalistes soucieux du
moindre écart dans la quotité de leurs revenus aimeront
mieux gagner quelques francs et quelques centimes de plus,
mais s'ils considèrent, avant tout, la sûreté du placement,
c'est à la caisse rurale qu'ils iront de préférence. Quelle banque offrirait des garanties aussi solides que la responsabilité
indéfinie et solidaire d'agriculteurs choisis avec tant de rigueur? Remarquons-le d'ailleurs, les sommes confiées à la
Société mutuelle proviennent de l'épargne locale et sont minimes. C'est par leur addition qu'elles forment un fonds de
roulement suffisant. Par conséquent, il importe assez peu aux
déposants de recevoir 3,25 ou 3,50 0/0; la différence ne
saurait se traduire par un préjudice appréciable.

L'exemple donné par la banque de Poligny a été suivi par
la banque de Genlis, dont les statuts sont presque semblables.

Cette dernière, dirigée par M. Cantenot, s'est affiliée, le
10 juin 1894, à l'Union des caisses françaises, à titre de caisse
centrale régionale. Déjà, les caisses rurales de la Haute-Saône
avaient constitué un groupe régional, le 20 mai précédent, et,
plus récemment, le même fait s'est accompli dans les Basses-
Pyrénées, au mois de mars 1895; dans l'Ariège, dans les
Landes, dans le Gers, dans le canton de Quingey (Doubs), au
mois de décembre de la même année.

Ces établissements d'un nouveau genre n'ont pas seulement
pour objet de recevoir les dépôts que les banques locales

reçoivent en surabondance, mais ils se proposent aussi de transmettre cet argent à d'autres caisses qui en sont dépourvues; en un mot, ils veulent établir un office d'offres et de demandes de capitaux, et devenir intermédiaires entre les caisses du groupe. Plus encore, c'est là que viendront se renseigner les directeurs des sociétés locales, c'est là qu'ils chercheront la solution de leurs difficultés; c'est là enfin que s'organisera la vérification mutuelle de la comptabilité des banques. Ce dernier point est d'une grande importance. En effet, dit l'acte de constitution du groupe régional de la Haute-Saône, l'expérience a démontré que les directeurs des caisses ont intérêt à accepter cette vérification, toute facultative d'ailleurs. Certaines irrégularités ou certains relâchements peuvent se glisser dans une administration, à son insu. Un étranger les apercevra du premier coup d'œil, il jugera, avec impartialité, si la comptabilité lui semble régulière, et si l'emploi des prêts ou des dépôts lui paraît raisonnable (1).

Le moment viendra sans doute, où prendra place, au-dessus des caisses régionales, un établissement central qui assumera plus largement ce rôle d'intermédiaire. Comme en Allemagne, il établira un office d'offres et de demandes entre les groupes régionaux et recevra, comme garantie, la responsabilité solidaire des caisses adhérentes au groupe. Mais cette heure n'est pas venue, et l'on risquerait l'avenir de cette institution, à la fonder avant qu'elle ne fût utile. Si les caisses rurales de France restent fidèles à cet esprit de prudence qu'elles doivent au directeur de leur Union, M. Durand, c'est d'elles, croyons-nous, que viendra la meilleure solution du crédit agricole dans notre pays, ou pour mieux dire, elles seront la première fondation vraiment appropriée aux besoins particuliers de la classe rurale.

____

(1) *Bulletin des caisses*, juillet 1891.

Il ne sera pas sans intérêt, croyons-nous, d'examiner, en passant, quelle peut être, en France, la situation juridique de ces modestes institutions de crédit. Sont-elles des *Sociétés*, dans le sens consacré par l'art. 1832 du Code civil? Non, elles ne peuvent être comprises dans la définition stricte de la loi; car si les adhérents ont un but commun, si chacun d'eux apporte la garantie résultant de sa responsabilité indéfinie, ou pour tout dire, son crédit, qui est un véritable capital, du moins l'intention de partager des bénéfices leur fait entièrement défaut. L'acte constitutif des caisses rurales rentre dans cette catégorie de contrats innommés, que l'art. 1106 du Code civil soumet aux principes généraux du titre III. Or, nous devons appliquer par analogie, à ces conventions sans détermination propre, les règles des contrats nommés dont elles se rapprochent le plus. C'est dire que nous appliquerons, en l'espèce, les règles édictées en matière de *Société*, et nous n'hésiterons pas à étendre ce nom aux caisses rurales elles-mêmes. Le décret du 18 février 1868, rendu en exécution de la loi du 24 juillet 1868 (art. 66), n'appelle-t-il pas *Sociétés* les associations mutuelles d'assurance? Là, cependant, il ne peut être question de bénéfice à partager : Une simple indemnité est remise aux associés qui ont subi des pertes, et les autres sont exclus du partage des primes. Ces particularités n'empêchent pas la jurisprudence de soumettre au régime des Sociétés ces groupes de contractants. Les caisses rurales françaises peuvent donc, à bon droit, se déclarer sociétés en nom collectif, à capital variable, et pourvues de la personnalité civile conformément à la loi du 3 août 1893.

Comme sociétés en nom collectif, elles seront soumises aux Code de commerce, et comme sociétés à capital variable, elles seront régies par le titre III de la loi du 24 juillet 1867. Par leur premier caractère, elles se distinguent de la plupart des coopératives françaises, qui sont des sociétés anonymes.

CHAPITRE V

DE QUELQUES INNOVATIONS LÉGISLATIVES A RÉALISER

I De la commercialisation des engagements agricoles. — II. Du gage sans tradition.— III. De l'assurance agricole obligatoire.

I

Les caisses rurales n'escomptent jamais le papier souscrit
par un membre de l'association, encore moins recevraient-
elles les billets signés par un débiteur étranger, qui, par
suite, leur est peu connu ou suspect. L'escompte est d'une
pratique dangereuse pour une société composée d'agriculteurs et de paysans. Ceux-ci n'ont qu'une expérience limitée en matière de finance et l'on sait jusqu'où s'étendent
leurs notions au sujet de la législation commerciale. Or, la
législation qui régit le billet à ordre et la lettre de change
est assez compliquée, elle comporte même une procédure
rigoureuse et des exécutions rapides. Pourquoi exposer la
caisse rurale à de pareilles surprises? L'omission d'une formalité ne pourrait-elle parfois l'amener à perdre son droit
de recours contre les endosseurs?

Il faut se souvenir que les agriculteurs ne se sont pas
groupés avec l'intention d'abandonner leurs occupations personnelles pour devenir banquiers. Leur but est simplement
d'assembler des garanties afin d'obtenir plus facilement
quelques menus prêts. Hors de là ils ne cherchent qu'à faire
prospérer leur domaine.

La société ne cherche pas davantage à se procurer le fonds

de roulement en réescomptant le papier de ses emprunteurs. Elle a, pour cela, de sérieuses raisons ; si elle s'habituait à demander du numéraire aux banquiers, en échange de billets à ordre, elle serait, quelque jour, à leur merci. Pour amener la faillite de la caisse, il suffirait à ces banquiers de saisir le moment où elle est en face d'une échéance, et, subitement, de lui refuser le réescompte ; mais voici un motif plus péremptoire : Le délai des engagements agricoles dépasse 90 jours et l'on sait que les banquiers acceptent uniquement le papier payable à trois mois d'échéance. Ils doivent, en effet, se ménager la faculté de recourir au crédit de la Banque de France, le jour où ils voudront eux-mêmes convertir en argent le papier qu'ils ont escompté. La société de crédit pourrait, sans nul doute, solliciter un renouvellement, mais l'agriculteur devrait en payer les frais et serait-il bien sûr de l'obtenir aux mêmes conditions, pendant toute la durée de sa dette ? Il est un moyen très simple pour les caisses Raiffeisen de se passer du réescompte et de se procurer le numéraire. C'est d'attirer les dépôts au moyen de garanties exceptionnelles. Quand l'élite d'une ou deux communes, munie d'une petite fortune en terre, en bétail, en instruments aratoires et choisie avec une rigueur intéressée, se groupe afin de garantir solidairement les dettes de chaque membre de l'association ; quand les dépôts qu'elle reçoit ne sont confiés aux emprunteurs que pour un usage utile et productif ; quand cet emploi se fait dans le village même, sous les yeux des prêteurs, on peut conclure à la sûreté du placement. Pendant la guerre d'Autriche et la guerre de 1870, dit M. Durand (*op. cit.*, p. 246), les déposants offraient leurs épargnes aux Darlehenskassen, sans exiger d'intérêts, tant ils s'estimaient heureux de trouver un lieu sûr pour leurs capitaux. En France, les caisses rurales offrent à l'épargne locale une destination qui n'a rien à craindre des fluctuations de la cote. Tandis que les rentes françaises et étrangères exposent les capitalistes à des pertes inattendues, les dépôts confiés aux sociétés mutuelles de crédit ne peuvent diminuer de valeur. Aussi, est-il permis de croire que le numéraire ne manquera pas à nos caisses rurales, modelées sur les caisses allemandes, et réunissant, comme elles, un ensemble exceptionnel de garanties. Jusqu'à présent, il ne leur a point fait défaut. La première statistique des caisses françaises, publiée dans le *Bulletin mensuel d'avril 1895,* et se rapportant seulemet à 72 d'entre elles, avoue, pour une période moindre d'une année, 300 dépôts, dont le montant s'élève en bloc à 127,187 francs, et 421 prêts qui représentent une somme de 103,610. Le montant des dépôts, on le voit, est supérieur à celui des prêts. Cependant, la défiance et les préjugés du public ne sont pas encore dissipés, les premiers débuts ont entraîné des frais peu favorables à la prospérité et par suite au bon renom de la Banque; il est donc permis d'induire qu'à l'avenir les capitaux afflueront en plus grande abondance. Peut-être le danger sera-t-il justement dans l'excès des dépôts. Comment leur assurer, sans discontinuité, un emploi productif? Déjà nous avons répondu à l'objection. Les caisses mutuelles, avons-nous dit, transmettront provisoirement à la Banque centrale et régionale ou bien encore à la Caisse d'épargne, les capitaux qu'elles ont en excès. Mieux que cela, elles mettront à profit cette concurrence d'offres, pour obtenir la diminution du taux qu'elles payent aux déposants. D'ailleurs, elles n'acceptent pas un nombre infini de dépôts : Les offres des capitalistes sont inscrits par ordre de date et appelés tour à tour, à mesure qu'un emploi se présente.

Ces observations nous amènent à dire que les caisses rurales peuvent se passer de l'escompte et du réescompte. La « Commercialisation » des engagements agricoles est donc une question indifférente à leurs associés. Seuls, les agriculleurs étrangers à ces groupes, et principalement les riches propriétaires, ont des motifs de s'y intéresser. Quelle est aujourd'hui leur situation quand ils empruntent? Les billets à ordre qu'ils souscrivent ne sont pas considérés comme papier commercial, et par suite, au cas de non paiement, le bénéficiaire de ces billets s'adressera aux tribunaux civils pour obtenir l'exécution judiciaire. Devant cette juridiction, la procédure est longue, coûteuse; les actes se multiplient; les honoraires de l'avoué s'ajoutent à ceux de l'huissier; les affaires sont facilement ajournées et les délais se succèdent indéfiniment. Le prêteur qui accepte le papier de l'agriculteur sera effrayé de ces retards et de ces frais, il les évaluera d'avance, et, sans doute, il augmentera d'autant le taux de l'intérêt. Car le crédit et les conditions plus ou moins modérées où nous l'accordons dépendent, non seulement de la probité, de la fortune et des garanties que nous trouvons réunies chez l'emprunteur, mais encore des moyens de contrainte dont nous pouvons disposer contre lui. Plus on prévoit de formalités et de dépenses pour rentrer en possession d'un prêt, moins on est tenté de l'accorder. Admettons, cependant, que le capitaliste veuille bien accepter le papier de l'agriculteur. Celui-ci devra payer les risques, les délais, auxquels est exposé son prêteur, mais, en retour, il aura le bénéfice d'une juridiction plus circonspecte. Plus tard, son engagement est-il endossé par un négociant? La situation change : ce n'est plus du tribunal civil que relève l'emprunteur, il devient justiciable du tribunal de commerce. De là résultent des conséquences regrettables : En souscrivant son billet, le débiteur subit, sans nul doute, les défaveurs d'un prêt que sanctionne une procédure longue et coûteuse, puis, à peine son papier est-il endossé par un négociant, voilà le débiteur originaire soumis, aussitôt, à une juridiction plus expéditive, sans pour cela être affranchi des lourdes charges qui, dès le début, ont grevé son emprunt. C'est avec raison que les agriculteurs protestent contre cette législation injuste. Si les rédacteurs du code de 1807 avaient développé avec logique leurs dispositions, ils auraient étendu la compétence des juges consulaires à tous les billets à ordre, quels qu'en fussent les signataires. En effet, dans l'art. 631, ils ont déterminé, en principe, cette compétence, d'après la nature de l'acte : « Les tribunaux de commerce connaîtront des contestations relatives aux *actes de commerce, entre toutes personnes* ». Or le fait de signer un billet à ordre est *un acte de commerce* (art. 110, 188). Ce billet se transmet par un mode de cession tout différent des modes civils ; il implique la solidarité des signataires, contrairement à l'art. 1202 du code Napoléon, enfin ses conditions de formes sont régies non par ce même code, mais par la législation commerciale. D'où il suit que l'exécution des billets à ordre devrait, dans tous les cas, être sanctionnée par les tribunaux consulaires, et que le législateur devrait effacer au plus tôt l'anomalie consacrée par les art. 636 et 637 du code de 1807.

Mais la juridiction consulaire dispose de sanctions particulières : L'agriculteur sera-t-il soumis à ces moyens de contrainte, notamment à la faillite ? Assurément il n'y sera pas soumis de plein droit, par cela seul que l'exécution de ses billets à ordre donnera lieu à la compétence des tribunaux de commerce ; car il n'est et ne deviendra point commerçant. Le fait de signer un billet à ordre n'en fera pas un négociant de profession. Au cas de non-payement, il ne sera donc pas dessaisi de l'administration de ses biens, les actes faits par lui avant le jugement, et de nature à nuire à ses créanciers, ne seront pas annulés, les incapacités et les déchéances de la faillite lui seront épargnées.

Devons-nous innover sur ce point et étendre à l'agriculteur la législation relative à la faillite ? Nous ne le pensons pas. Il y a des différences essentielles dans les habitudes professionnelles du négociant et du cultivateur. Le premier fait une série ininterrompue d'actes de commerce, c'est là sa vie; le second ne s'y adonne que par accident et par intervalles. Il en résulte une diversité nécessaire dans la sanction des engagements de l'un et de l'autre. Car, si l'homme de négoce fait trop bon marché de l'échéance, son retard peut mettre le trouble dans les prévisions d'un autre commerçant, qui avait compté sur un paiement à date fixe, et ce trouble peut, à son tour, se répercuter, de proche en proche, dans les calculs d'un grand nombre d'hommes d'affaires. Il importe donc, au plus haut point, d'imposer au commerçant le souci habituel de l'exactitude. Au contraire, s'il arrive à un agriculteur de s'acquitter un peu tardivement de ses obligations, les conséquences sont moindres; car l'emprunt de cet agriculteur est isolé et ne se renouvellera peut-être pas de longtemps. Le banquier subirait-il, d'ailleurs, un grave préjudice ou un embarras sérieux, puisque les prêts agricoles sont, en général, modiques?

Il est une autre différence entre le commerçant et le cultivateur. Nous l'avons déjà indiquée : la succession continue des avances et des débours, à laquelle un négociant est habitué, lui permet de rembourser une dette sans attendre les produits du capital emprunté : diverses recettes lui arrivent d'autre part et l'aident à se libérer. S'il ne peut payer, on peut croire, en principe, que ses affaires sont en péril. Au contraire, les produits agricoles ne sont obtenus qu'à des saisons immuables; force sera de les attendre, sans espérer, dans l'intervalle, une série suffisante de bénéfices. Si, par exemple, l'agriculteur emprunte, pour acheter des engrais qui fertiliseront son domaine, il ne pourra acquitter l'intégralité de sa dette qu'après la récolte, et, s'il a recours au crédit pour acheter une paire de bœufs qu'il destine à l'engraissement, il ne remboursera son prêteur qu'après la vente, car s'il reçoit, de temps à autre, quelques sommes d'argent avant le jour de l'échéance, il les emploie à son entretien, à sa subsistance, à des réparations, à l'exploitation de sa terre, etc., etc. On dit bien que les revenus agricoles s'échelonnent à intervalles fixes, le long de l'année; à notre avis, c'est l'exception. Ainsi, M. Trouillon (1) prétend que, du mois de juin au mois de novembre, la vente des laines, des foins, des céréales et des plantes industrielles ménage à l'agriculteur une succession continue de recettes. Mais, qu'on le remarque, la majorité des domaines sont dépourvus de bêtes à laine, et la culture des plantes industrielles est réservée à certaines régions, où elle donne justement des récoltes à date unique. De plus, les foins sont, le plus souvent, consommés sur place et ne se vendent que dans les années de grand rendement. Enfin, les céréales ne sont pas toujours apportées sur le marché, dès le lendemain des moissons, elles restent parfois en grange ou en grenier, jusqu'au mois de mai, époque où les prix se relèvent, ordinairement, dans la proportion de 8 à 10 0/0.

Seul le commerce du bétail donne des bénéfices à périodes assez rapprochées; encore ces bénéfices ne sont-ils pas continus comme les bénéfices du négoce. Si donc l'agriculteur a fait une opération malheureuse, s'il n'a pas sous la main l'argent qu'il devrait compter, aujourd'hui même, à son créancier, n'en concluons pas qu'il est insolvable et que sa ruine est prochaine. A quoi servirait alors de lui enlever l'administration de ses biens ?

Rien ne supplée à l'activité du maître veillant, par besoin ou par goût, sur le patrimoine — intact d'ailleurs — qu'il a fertilisé par son travail. C'est avec raison, croyons-nous, que le

---

(1) *Le Crédit agricole.* Thèse, Paris, 1893.

bon sens public n'admet pas les mêmes sanctions pour l'agriculteur et pour le commerçant, et nous avons peine à comprendre pourquoi la logique les obligerait, l'un et l'autre, à subir les sévérités de la faillite, puisque, de l'avis unanime, elle ne saurait les contraindre également à tenir des livres de commerce et à subir les règles d'une comptabilité minutieuse.

II

Il ne suffit pas toujours au capitaliste de connaître l'intelligence et la probité de l'emprunteur, la quotité approximative de sa fortune et la sûreté de sa parole, il lui faut, quelquefois, une garantie plus spécialement affectée au remboursement de sa créance. En d'autres termes, le crédit n'est pas toujours personnel, il peut aussi être réel. Sa raison d'être se trouve alors dans la constitution d'un gage mobilier ou d'une hypothèque. Nous laisserons de côté l'examen du droit réel hypothécaire; ce serait sortir des limites de notre chapitre et nous engager dans l'étude du crédit foncier. Disons, simplement, que l'hypothèque ne saurait être un moyen habituel d'obtenir le crédit agricole, au sens amoindri du mot. Elle ne peut être consentie ni par le fermier, ni par le métayer, puisqu'ils ne sont pas propriétaires; et, d'autre part, elle impose au petit agriculteur des charges sans proportion avec l'importance et la durée de son emprunt. Il est démontré qu'une obligation hypothécaire de 100 fr. suppose 37 fr. de frais divers, droits d'enregistrement, inscription, main-levée, etc. (1).

D'ailleurs, le prêteur peut avoir des doutes sur le titre même de la propriété, ses causes clandestines de résolution, ses charges réelles. C'est auprès du notaire qu'il ira chercher des éclaircissements, et celui-ci ne manquera pas de s'indem-

____

(1) *Journal de l'agriculture*, 12 août 1893.

niser de sa responsabilité comme de ses recherches. Le gage mobilier est donc d'un usage plus pratique. Or, quels sont les meubles que l'agriculteur peut remettre en gage? Ce sont d'abord les meubles garnissant la ferme, instruments aratoires, tonnes, chaudières, pailles, engrais, cuves, pressoirs, bêtes de somme, récoltes en cave ou en grenier. La loi, il est vrai, immobilise fictivement ces biens, quand ils sont attachés au service d'un fonds par le maître de ce fonds, mais il est loisible au propriétaire de les détacher, de les immobiliser à son gré, et, par suite, de les remettre en gage. Bien entendu, ils ne cessent jamais d'être meubles, s'ils appartiennent au fermier, au métayer. N'oublions pas que le gage est le seul droit réel qu'on puisse établir sur ces objets, car, si l'on voulait les grever d'une hypothèque, indépendamment du fonds, on les isolerait de ce fonds dont ils forment partie intégrante, et, par suite, on leur enlèverait leur caractère d'immeubles. S'ils ne peuvent servir, par eux-mêmes, de fondement qu'à une sorte de droit, il est nécessaire, disent la plupart des auteurs, d'en retirer du moins cette utilité, de la manière la plus complète et la plus facile. Or, notre législation suscite, dans la pratique, de sérieuses difficultés :

D'après l'art. 2076 du Code civil : « Le privilège ne subsiste sur le gage qu'autant que ce gage a été mis et est resté *en la possession du créancier, ou d'un tiers* convenu entre les parties ».

Comment l'agriculteur pourrait-il se déposséder de ses instruments d'exploitation pour les remettre à son créancier ou à un tiers? Ils sont indispensables à sa culture, pendant une grande partie de l'année, et, s'il s'en trouve quelques-uns, pressoirs ou cuves, dont l'usage ne dure pas au-delà d'une saison, leur volume et leur poids ne se prête guère aux déplacements. Comment transporter chez un créancier des charrettes chargées de récoltes? Celui-ci se refuserait à en-

combrer ses granges, à augmenter les soucis de sa surveillance, et peut-être le débiteur devrait-il payer des frais de
garde ou de transport. Dans ces conditions, l'agriculteur
souscrit un emprunt plus onéreux, ou se passe de crédit plutôt que de donner un gage. Par conséquent, l'énorme capital
mobilier dont il dispose, et dont l'ensemble est évalué à vingt
milliards, sert uniquement à garantir le privilège du bailleur.
Pourquoi, dit M. Durand, ne pas autoriser l'agriculteur à
garder en main ce capital, tout en l'affectant à la sûreté de
plusieurs créances? Son utilité se trouverait ainsi doublée
par le crédit. Déjà le droit romain, sur l'initiative du préteur
Servius, nous a donné l'exemple d'une pareille réforme, quand
il a permis au fermier d'une exploitation rurale d'affecter à
la sûreté de son prix de ferme, sans pour cela s'en dessaisir,
ses meubles, ses bestiaux et ses instruments aratoires.

Mais ce ne sont pas seulement les immeubles par destination que la réforme de l'art. 2076 permettrait de mettre en
gage sans les déplacer, ce seraient aussi quelques immeubles par nature : les récoltes pendantes par branche ou par
racine. Comme il s'agit de récoltes sur pied, on ne peut les
transporter chez le créancier; elles échappent donc au nantissement mobilier. Il serait avantageux de pouvoir constituer
sur elles un droit de gage. Voudrait-on les hypothéquer? ce
serait les considérer abstraction faite du sol, et les mobiliser
par anticipation. D'ailleurs, pour réaliser l'hypothèque, on
devrait les séparer du fonds, et aussitôt le droit hypothécaire disparaîtrait. Quel parti l'agriculteur peut-il donc tirer
de ses récoltes pendantes par branche ou par racine? Il les
vendra sur pied, et l'on sait si les risques de grêle, de gelée,
d'intempéries font baisser, en ce cas, le prix de vente. Ici
encore la réforme de l'art. 2076 est, dit-on, nécessaire et la
loi du 24 juin 1874, qui autorise les banques coloniales à consentir des prêts sur récoltes pendantes, devrait s'étendre aux

banques françaises du continent. On sait, en effet, que les Banques des colonies consentent aux planteurs des emprunts à 6 0/0 gagés sur récoltes futures, récoltes d'une valeur trois fois égale à celle du capital prêté.

La cession des récoltes est transcrite au bureau de l'enregistrement, et, dès lors, la banque est réputée saisie *erga omnes*. Cependant, si une saisie immobilière a été transcrite avant la cession des récoltes, les droits de la Banque ne viennent qu'en second rang. A vrai dire, la Banque est propriétaire plutôt que créancier gagiste (Cass., 10 février 1858 et 21 nov. 1882), mais, sans entrer dans une discussion théorique, demandons-nous simplement s'il serait utile d'appliquer en France les mêmes dispositions législatives.

Pour éviter toute confusion, nous répondrons, en deux paragraphes distincts, aux deux questions qui nous intéressent.

§ I. — Faut-il permettre à l'agriculteur de constituer un droit de gage sur son capital d'exploitation? Nous ne le pensons pas, et voici pour quelles raisons :

Le droit du créancier sera si fragile ou l'engagement du débiteur aura, parfois, des conséquences si gênantes, que mieux vaut ne pas les consacrer par un texte législatif.

En effet, si à l'encontre de la parole donnée, les objets mobiliers frappés de gage sont vendus et livrés, par l'emprunteur, à un acheteur de bonne foi, comment le créancier pourra-t-il recouvrer la garantie qu'il a perdue? Les principes essentiels du Code civil, relatifs à la transmission de la propriété mobilière, ne permettent pas de lui accorder un droit de suite (art. 2279).

Il est vrai que le bailleur d'immeubles exerce, dans ce cas, la saisie-revendication, et l'on serait tenté, au premier abord, d'assimiler les deux espèces, d'autant mieux que le privilège du bailleur n'est, semble-t-il, qu'un droit de gage sans déplacement. Mais l'identité est seulement apparente, et, quoi qu'on en puisse dire, la constitution de gage au profit du bailleur d'immeubles réunit les conditions exigées par l'art. 2076. Ce texte exige une dépossession entre les mains du créancier ou d'une *tierce personne,* or, il y a ici un tiers, c'est l'immeuble, et ce tiers joue l'un des rôles que le Code civil a prévus, c'est-à-dire il indique l'existence d'un privilège sur les meubles du locataire et sur le capital d'exploitation du fermier. Les prêteurs sauront bien vite si le détenteur de tel immeuble est locataire ou fermier, ils en concluront, nécessairement, que le mobilier est affecté, comme garantie, à la créance du bailleur. Même sur un champ de foire, il est facile de s'informer si tel paysan, qui propose aux acheteurs un attelage de bœufs, est vraiment propriétaire du domaine qu'il exploite : Les gens de la campagne se connaissent d'un village à l'autre et se retrouvent sur tous les marchés du voisinage. Mais comment savoir qu'un gage sans tradition a été consenti? Quel signe nous en avertit? Sans doute plus d'un système de publicité a été proposé; et le plus simple serait encore la transcription des actes des prêts au bureau de l'enregistrement; imagine-t-on toutefois un acheteur interrompant ses pourpalers et courant à la ville voisine pour feuilleter les registres?

De plus, le gage du bailleur est général. Le locataire peut disposer librement de ses meubles, le fermier peut vendre quelques outils sans s'exposer à la saisie-revendication, pourvu qu'il ne lèse pas les intérêts du bailleur. S'il diminuait à l'excès les garanties promises, la revendication s'exercerait sur les meubles vendus depuis *quarante jours* au plus tard, et seulement sur ceux-là. Il peut donc y avoir, chez le fermier, une succession d'achats et de vente; des meubles peuvent être remplacés; des instruments aratoires peuvent être librement vendus. La seule chose qui importe au créancier est que les garanties ne diminuent pas au-delà d'une certaine limite.

Or, si l'on établit un gage sans tradition, il faut nécessairement restreindre, aux dépens du créancier gagiste, le délai pendant lequel il exercera sa revendication. En effet, pourquoi le bailleur d'un meuble ne dispose-t-il que de quarante jours? La loi veut ménager les intérêts des tiers : Ceux-ci ont cru, sans doute, que le fermier pouvait vendre quelques meubles sans nuire au bailleur. Il est juste de les laisser bénéficier de leur achat, si le bailleur ne réclame pas dans un délai assez court. C'est à lui, en effet, de surveiller son fermier et de s'assurer que les garanties ne sont pas amoindries. Que si l'objet aliéné est grevé d'un droit de gage sans déplacement, le tiers acheteur sera plus excusable encore. Il lui importera donc que le créancier gagiste exerce au plus tôt sa revendication et vienne l'arrêter dans les transformations ou les dépenses qu'il est sur le point d'entreprendre.

Dans ces conditions, c'est-à-dire si la loi restreint à une durée plus courte l'exercice que le créancier peut faire de ses droits, la situation de celui-ci n'est-elle pas dérisoire? Lui sera-t-il possible, en si peu de jours, d'être informé d'une vente probablement secrète, puisqu'elle est, en quelque mesure, frauduleuse? En admettant qu'il exerce à temps sa revendication, il peut, en certains cas, n'en avoir pas le profit : Si l'emprunteur est un fermier, le créancier, pourvu d'un gage sans tradition, ramènera vainement dans le patrimoine de son débiteur, les meubles que ce dernier avait vendus, ou du moins il travaillera pour autrui : Le bailleur du fonds est là, muni d'un privilège qui prime celui du créancier gagiste, et il se dispose à l'exercer entièrement si le loyer ne lui est pas payé.

Mais si le gage sans tradition porte sur l'ensemble du mobilier, il aura des inconvénients plus graves encore. Il privera l'agriculteur de tout crédit pour l'avenir. Comment lui accorder un emprunt, si tous ses meubles et son capital d'exploitation sont réservés à la sûreté d'une créance antérieure? Ses récoltes futures peuvent être détruites par quelque fléau, quelle garantie sera-t-il donc possible de lui demander? Une hypothèque? Mais elle entraînerait des frais sans proportion avec la quotité de l'emprunt. Le débiteur refuserait de s'y soumettre, ou s'il souscrivait un engagement aussi onéreux, il ferait une opération malheureuse. Plus encore, en admettant que l'agriculteur n'ait jamais consenti un gage sans déplacement, portant sur la généralité des meubles, il suffira qu'un texte de loi l'y autorise, pour lui rendre désormais impossible le crédit personnel.

En effet, à peine un rentier lui aura-t-il confié ses capitaux, sans exiger de sûreté réelle, ce premier créancier sera menacé d'être suivi non seulement par un prêteur chirographaire, mais aussi par un créancier muni d'un gage général sans tradition.

Par conséquent, le prêteur qui a cru pouvoir se fier principalement aux qualités morales du débiteur perdra tout espoir d'être remboursé. Or, nous le verrons plus loin, le crédit personnel est justement celui qu'il importe de faciliter et de propager, soit parce qu'il évite tout surcroît de frais, soit parce qu'il stimule et récompense la probité. Ce n'est pas tout : Le créancier gagiste primera les créanciers hypothécaires antérieurs et leur enlèvera le capital circulant sur lequel ils comptaient comme sur un accessoire du fonds. Ce risque n'est-il pas de nature à empêcher les prêts hypothécaires eux-mêmes? Les capitalistes qui exigent une hypothèque évaluent le capital mobilier en même temps que l'immeuble. Que feraient-ils d'un domaine sans outillage et sans bétail? A quel prix dérisoire l'aliéner? S'ils en devenaient propriétaires, contraints et forcés, pourraient-ils suffire à l'achat d'un matériel coûteux et varié, pourraient-ils combler tous les vides de l'étable? Ce sont là, cependant, les désagréments auxquels les exposerait la réforme de l'art. 2076.

Remarquons-le, d'ailleurs, le gage sans tradition serait constitué plus secrètement et plus vite que l'hypothèque :

L'intervention du notaire ne serait pas exigée; une simple inscription suffirait. Puis le fermier et le métayer ne peuvent donner une hypothèque, et le prêteur chirographaire n'a pas à craindre, de leur part, une surprise de ce genre, tandis qu'il aurait à se méfier d'une constitution de gage portant sur l'ensemble du capital d'exploitation, et s'ajoutant au privilège du bailleur. La législation nouvelle exposerait donc le créancier chirographaire à un danger bien autrement grave que les désagréments résultant de l'hypothèque. Elle aurait ainsi pour conséquence de tarir définitivement les prêts agricoles; ou bien, s'il se trouvait des capitalistes disposés à secourir quand même le cultivateur, peut-être seraient-ils moins inspirés par des sentiments de bienfaisance que par le désir d'exploiter une situation malheureuse. A coup sûr, ils exigeraient toujours une sûreté réelle, même pour un modique emprunt, et pendant la durée de la première dette le cultivateur ne pourrait que difficilement recourir au crédit, fût-ce pour une opération avantageuse.

A ces considérations, ajoutons quelques remarques relatives aux intentions mêmes de la loi : Pourquoi le code a-t-il immobilisé fictivement les meubles qui servent à l'exploitation du fonds? Pour assurer la continuité de la culture : Si un créancier gagiste saisissait le capital circulant, qui donc voudrait d'un domaine où l'on ne verrait que le sol et les bâtiments ? D'ailleurs, pendant les délais qui précèdent la vente et la prise de possession, le domaine resterait inculte. C'est donc dans l'intérêt de l'agriculture et du pays, que le code civil a étroitement rattaché au fonds le capital d'exploitation. La législation nouvelle irait formellement à l'encontre de ces dispositions fondamentales.

On nous répondra, sans doute, que les inconvénients du gage général sans tradition se présenteront rarement, car ce mode de nantissement sera peu usité : seul le gage spécial entrera dans les coutumes des capitalistes et des emprunteurs. Nous ferons observer que le prêteur, ayant à son choix deux sortes de garanties, choisira, assez souvent, la plus large et la plus sûre. Admettons, toutefois, qu'il lui suffise, d'ordinaire, d'un gage spécial sans déplacement. La plupart des inconvénients signalés plus haut se retrouveront ici. La saisie-revendication ne pourra être accordée, ou le délai en sera réduit, dans l'intérêt des tiers, à une très courte durée. De plus, l'agriculteur ne pourra aliéner le meuble. Or, le gage mobilier le plus important, le plus facile à réaliser est, généralement, le bétail. Dans l'état actuel de la culture, on trouvera, comme garantie sérieuse, plus de bétail que d'outillage riche et perfectionné. Un emprunteur devra donc garder l'attelage sur lequel porte le droit de nantissement, jusqu'au jour où il aura éteint sa dette. Peu importent les variations du cours, la pénurie prochaine de fourrage, l'utilité des échanges, l'avantage d'obtenir quelques gains par une heureuse succession d'achats et de vente, tout cela est compté pour rien. S'il donne, comme gage, des récoltes en cave ou en grenier, l'agriculteur devra encore attendre sa libération, laisser passer les occasions d'une vente lucrative, s'exposer à une baisse considérable des prix.

Sans doute, le gage avec dépossession présente ces inconvénients; mais, remarquons-le bien, la nécessité du déplacement met l'emprunteur en garde contre de trop faciles concessions. Celui-ci hésite à se démunir d'une paire de bœufs, il lui coûte de se priver d'un instrument aratoire qui peut devenir utile d'un jour à l'autre. Qu'on l'autorise à garder son attelage ou ses outils, cette commodité lui fera accepter les désagréments que l'avenir lui réserve, et plus encore, elle

les dissimulera à ses prévisions, elle facilitera à l'agriculteur
des engagements onéreux dont il ne saura calculer d'avance
toute la portée. Le jour viendra, cependant, où la liberté de
ses transactions sera entravée, et, inquiet de la baisse progressive des cours, l'honnête homme d'hier sera tenté d'agir
contrairement à la convention qui le lie, ou, tout au moins,
de substituer à l'objet désigné un gage de même espèce et
de moindre valeur. Admettons qu'il commette cette indélica-
tesse ou qu'il aliène les meubles engagés. Dans cette hypothèse (commune d'ailleurs au cas de gage spécial et au cas de
gage général), à quoi se réduiront les droits du créancier?
Quelques auteurs voudraient les protéger en menaçant le débiteur des peines de l'abus de confiance. Soit, dirons-nous, —
mais si le débiteur, en dépit de la loi, détourne l'objet frappé
d'un droit de gage, comment ressaisir cet objet? Qu'importe
au créancier que le débiteur soit mis en prison ou frappé
d'une amende ? En sera-t-il plus riche ? Aura-t-il retrouvé la
garantie qu'il a perdue? Le débiteur menacé de peines sévères
hésitera, sans doute, à les mériter. Toutefois, l'espoir de remplacer, en cachette, un gage par un autre, après un échange
lucratif, ne pourra-t-il le séduire ? Plus encore, un agriculteur obéré, malheureux, acculé à la misère et à la ruine, ne
sera-t-il pas indifférent à la menace d'une peine correctionnelle, s'il a sous la main le moyen de se procurer immédia-
tement l'argent qui lui est nécessaire?

Nous croyons pouvoir conclure que le gage sans tradition
portant sur les meubles et sur le capital circulant, soit en
totalité, soit en partie, est pour le créancier un droit trop
fragile, et pour le débiteur une convention trop périlleuse,
pour mériter la consécration de la loi. Il nous reste à examiner une seconde question, relative au gage sur récoltes à
venir. Les observations précédentes, s'appliquant, en quelque

mesure, à cette seconde partie de notre étude, nous permettront de tirer plus rapidement nos conclusions.

§ II. — Faut-il autoriser l'agriculteur à constituer un droit de gage sur ses récoltes pendantes? Ici encore nous inclinons vers la négative.

En effet, tout prêt, d'où qu'il vienne, consenti à l'agriculteur pour l'exploitation de son domaine, a pour garantie naturelle les récoltes qu'il a permis d'acquérir :

Où est passé l'argent du prêteur? Quelle transformation a-t il subie ? Où le retrouver ? Ce sont les récoltes qui le représentent et c'est après la vente de ces récoltes qu'il reparaîtra sous sa forme métallique, accru, sans doute, par le travail de l'homme et par la fécondité de la terre. Si le rentier, en accordant un emprunt, tient compte de l'ordre qui règne dans une exploitation et des amendements qu'on y apporte, c'est qu'il y reconnaît, assurément, un indice d'intelligence et d'habitudes laborieuses; c'est qu'il y voit, par suite, une promesse d'abondantes récoltes pour l'avenir. Si donc ce capitaliste qui se fie, d'ordinaire, à la solvabilité du paysan, et lui accorde, sans frais, le crédit personnel, est exposé, désormais, à perdre la garantie toute naturelle de sa créance, c'est-à-dire les récoltes du domaine, par le fait d'un second prêteur, qui, survenant plus tard, exigera un gage sans déplacement, sera-t-il disposé à continuer sa bienveillance à l'emprunteur rural ?

Non, c'en sera fait du crédit personnel et peut-être du crédit agricole, nous allons le montrer. Il restera bien au premier prêteur la garantie du capital d'exploitation, mais, nous l'avons dit, ce capital est souvent modique, surtout dans les petits domaines, et le bétail en constitue la principale valeur. Or n'est-il pas à craindre que l'agriculteur, après de malheureuses spéculations, ou, simplement, dans un moment de gêne, ne fasse des vides dans son étable, pour se procurer de l'argent ? Il y sera bien contraint, puisqu'il ne peut espérer aucun bénéfice sur ses récoltes, gage d'un créancier. Nous le demandons, cette menace ne suffit-elle pas à empêcher l'usage du crédit personnel ? Sous la législation actuelle, il est vrai, de nouveaux prêteurs chirographaires peuvent venir en concours avec le premier en date, mais, ceux-là sont moins redoutables qu'un créancier muni du droit de gage sans tradition, car, au lieu de garder la part du lion, c'est-à-dire toutes les récoltes pendantes, ils seront payés au marc le franc.

Nous ne parlerons pas de l'hypothèque : Elle est rarement consentie à l'occasion d'un prêt agricole de courte durée, et, d'ailleurs, les frais qu'elle entraîne, l'intervention du notaire qu'elle suppose, la font d'un usage bien moins facile que ne le serait l'usage du nantissement mobilier sans tradition. Il est donc certain que les capitalistes exigeront, par prudence, et, dans *tous les cas*, une sûreté réelle, comme nous l'avons observé plus haut. Pour le moindre emprunt, l'agriculteur sera tenu de consentir un gage selon l'art. 2076, et se privera d'un objet utile, ou bien il devra conférer une hypothèque, payer, par conséquent, des frais relativement considérables, et renoncer d'avance à un nouveau crédit, pendant la durée de son premier engagement. C'est dire qu'il n'aura désormais recours qu'à des emprunts de consommation, et qu'il renoncera aux profits d'une culture améliorée. Vaut-il la peine de légiférer pour obtenir de pareils résultats ?

Ce n'est pas le seul inconvénient. Bien que les récoltes soient pendantes, elles peuvent être détournées ou détruites. Si le débiteur a consenti un droit de gage sur son blé, sur les raisins de son vignoble, il a la certitude que le créancier en fera sa propriété, et que c'est une main étrangère qui moissonnera. Les récoltes, il le prévoit, seront offertes aux premiers acquéreurs, la vente ne sera pas le résultat de démarches actives et de patients débats, elle ne sera pour le prêteur qu'un moyen, trop lent à son gré, de retrouver une somme d'argent. Le débiteur aigri et jaloux ne pourra-t-il traduire ses ressentiments par une destruction partielle des récoltes qui doivent bientôt cesser de lui appartenir?

Comment le créancier suppléera-t-il aux garanties perdues? La protection qu'il trouvera dans le code pénal ne parviendra pas à le remettre en possession de son capital.

On peut supposer, enfin, qu'un propriétaire, près d'être ruiné et saisi, s'entende avec un ami, un voisin, et constitue en sa faveur un privilège sur récoltes pendantes, en retour d'un prêt fictif.

La réforme de l'art. 2076 rendra possible, pour la première fois, ces manœuvres frauduleuses.

De ces considérations, il résulte que le gage sur récoltes futures amènerait plus d'inconvénients que d'avantages. Mieux vaut, ce nous semble, maintenir la législation si prudente et si fortement raisonnée du code civil :

Un cultivateur a-t-il la facilité de remettre un objet en gage et de s'en dessaisir? Qu'il use de ce moyen comme par le passé. A vrai dire, il trouvera toujours quelque meuble, quelques instruments agricoles, rouleaux, batteuses, tonnes, etc., dont il pourra librement disposer durant plusieurs saisons. Si l'on veut faciliter la mise en gage de ses récoltes engrangées, qu'on organise dans les communes, ou dans quelque groupe de communes, des Docks-Greniers. Le 3 décembre 1891, MM. Méline et Martinon avaient déposé à la Chambre un projet en ce sens-là (*Officiel 1891*, Chambres. *Ann.*, p. 2887), oubliant que le droit commun autorise déjà des fondations de ce genre. Aux termes de ce projet, les agriculteurs auraient apporté leurs récoltes, mais, spécialement, leurs grains, dans des établissements analogues aux magasins généraux. En retour, ils auraient reçu un certificat de dépôt, circulant comme un titre à ordre et transmettant au porteur, non pas la propriété ou le droit de vendre, mais les droits d'un créancier gagiste. Ainsi le prêteur n'aurait plus à craindre l'encombrement de ses granges et les tracas d'une nouvelle surveillance.

Ces procédés sont excellents, mais aucun ne réunira les avantages du crédit personnel, fortifié par l'engagement d'une caution. C'est là, croyons-nous, le mode le mieux approprié à l'emprunteur rural, celui qui est de nature à mieux rassurer la confiance des capitalistes. Le cautionnement de la dette d'autrui suppose, en effet, une connaissance très exacte de la solvabilité du débiteur, de sa capacité et de sa probité.

Or, c'est au village, c'est dans la classe rurale qu'il est le plus facile de connaître son voisin. La fortune du propriétaire est en plein soleil, son travail et son ordre se remarquent à la bonne tenue de son domaine; on sait à quel prix il vend son attelage, ou son blé, ou son vin; on a calculé la plus-value que ses amendements ont donnée à son fonds; on le voit aller au cabaret, ou occuper utilement ses loisirs. En général, il faut être bien sûr de l'emprunteur pour assumer à son sujet, non pas une simple responsabilité morale, mais une responsabilité pécuniaire. Que dirons-nous alors, si la caution, au lieu d'être un homme de fortune aisée, est un paysan, c'est-à-dire un homme naturellement méfiant, intéressé entre tous, et d'une économie voisine de l'avarice?

S'il consent à répondre, sur son petit patrimoine, de la probité d'un homme du même village, cet engagement vaut les témoignages les plus sincères et les certificats les plus flatteurs. Il supplée les enquêtes auxquelles donne lieu tout prêt agricole; il équivaut aux informations les plus exactes sur cet inconnu qu'est le petit agriculteur. La solidarité sera une forme de cautionnement plus parfaite et plus sûre encore. Ce n'est plus un individu qui s'engage pour un autre, ce sont plusieurs obligés qui garantissent le remboursement d'un prêt. Quelques-uns d'entre eux peuvent devenir insolvables, mais tous ne seront pas ruinés en même temps; les premiers se livrent à telle culture, les autres emploient leurs bras et leurs capitaux à des entreprises différentes, et, de la sorte, les risques auxquels s'exposent les uns ne sont pas identiques aux dangers que courent les autres. Enfin, les patrimoines sont de valeur et d'étendue variées; peut-être s'y trouve-t-il mêlé quelque riche domaine, et l'ensemble de ces garanties dépasse en importance les sûretés qu'un créancier exige, d'ordinaire, pour la même somme d'argent.

Rappelons, en terminant, quels sont les effets moraux du cautionnement et de la solidarité. Le désir d'être compté au nombre des honnêtes gens stimule les agriculteurs à mériter d'avance le même témoignage, et la moralité, comme nous l'avons déjà dit, s'élève par l'émulation.

A coup sûr, le gage sans tradition, sur le mobilier agricole ou sur les récoltes pendantes, ne saurait amener de semblables effets. Pourquoi ne pas chercher dans une institution économique tous les avantages qu'elle peut donner, soit dans l'ordre pratique, soit dans l'ordre moral? Puisque nous pouvons organiser le crédit agricole, selon une forme qui se prête, en même temps, à l'éducation des caractères et au progrès matériel, essayons d'amener les populations rurales à une vie supérieure de probité, tout en leur procurant un accroissement d'aisance. Ce sera le résultat du crédit personnel.

III

DE L'ASSURANCE AGRICOLE OBLIGATOIRE

Sans entreprendre ici une étude hors de notre cadre, il nous paraît utile d'examiner si, après avoir organisé le crédit agricole, il est nécessaire d'en aider le fonctionnement, par l'usage du contrat d'assurance. Il est indiscutable que l'assurance — facultative ou obligatoire — donne aux prêteurs la certitude de conserver, du moins, la valeur du gage, après les désastres de la grêle, de la gelée ou de l'incendie. Le crédit de l'emprunteur en est sensiblement accru. Mais la question est de savoir si l'Etat doit laisser aux prêteurs la liberté de courir des risques redoutables ou, au contraire, imposer à l'emprunteur rural l'obligation d'assurer ses récoltes et son bétail. A notre avis, l'intervention de l'Etat, en cette matière, serait arbitraire et malheureuse :

Si le capitaliste estime qu'un contrat d'assurance est un surcroît de garantie nécessaire à la sûreté de ses avances, il en fera une condition du prêt. S'il préfère courir les risques qui menacent les récoltes de son débiteur, pourquoi le priver de cette « liberté des conventions » consacrée par le code civil?

Souvent la garantie la plus sérieuse ne consiste pas dans les récoltes futures, mais dans la probité du débiteur et de sa caution.

D'ailleurs, l'Etat est-il intéressé à la conservation du gage?

Nous comprendrions qu'il intervînt pour imposer une mesure d'hygiène ou arrêter les progrès d'une épidémie, mais que lui importe la destruction d'une récolte et la mort de quelques bestiaux?

Cela ne le regarde point, et s'il veut réglementer sur cette question, il aboutira à des injustices : Ainsi, de quel droit imposera-t-il l'assurance aux agriculteurs d'une région à peu près indemne de la gelée, et, dans une même commune, pourquoi l'imposer, en même temps, aux agriculteurs dont les domaines échappent, par leur situation, à ce fléau? N'est-il pas démontré que la grêle épargne certaines contrées et qu'elle est habituelle dans quelques autres? Il est permis, à un agriculteur expérimenté, de calculer le nombre probable d'années à venir avant le retour du fléau, et de décider si l'ensemble des primes à payer durant ce laps de temps dépasse l'ensemble des pertes auxquelles l'expose la grêle pendant la même période. Ainsi, les Compagnies de chemin de fer n'assurent plus leurs gares; les grandes Compagnies maritimes n'assurent plus leurs bâtiments; car, tout compte fait, les risques ou les pertes étaient inférieures aux primes. Un propriétaire a le droit de faire le même calcul et de se refuser à payer chaque année une somme d'argent qu'il peut utilement employer en entreprises agricoles. Si l'Etat décrète l'assurance obligatoire pour tous les cultivateurs, même pour ceux qui échappent d'ordinaire aux sinistres agricoles, il devra surtout l'étendre à ceux-là qui sont plus particulièrement menacés.

Or, l'on sait que les Sociétés privées n'acceptent pas d'assurer les bâtiments exposés plus que d'autres à l'incendie, ou bien elles surélèvent à l'excès le taux des primes. Sera-t-il prudent d'obliger à l'assurance les communes ordinairement ravagées par les fléaux et sera-t-il équitable d'imposer, par suite, aux propriétaires, des cotisations ruineuses? Laissons à chacun le soin d'évaluer les risques dont il est menacé et permettons-lui de gérer du moins ses affaires comme il l'entend. L'agriculteur n'est pas un incapable qu'il faut protéger, de force, contre lui-même; il est le juge de son intérêt, juge parfois plus avisé que le législateur.

Vu par le président de la thèse :   Vu : *Le Doyen*,
H. SAINT-MARC.   **BAUDRY-LACANTINERIE.**

Vu et permis d'imprimer :
Pour le Recteur,
Le Vice-Président du Conseil général des Facultés,
BAUDRY-LACANTINERIE.

BIBLIOGRAPHIE

Actes du IIIe Congrès des banques populaires françaises, tenu à Bourges du 6 au 9 avril 1891, Paris, 1892.

Actes du IVe Congrès des banques populaires françaises, tenu à Lyon du 4 au 7 mai 1892, Paris, 1893.

Baudrillart. — Le crédit agricole, *Revue des Deux-Mondes*, 1er juillet 1881.

Barral et Sagnier. — Dictionnaire d'agriculture, Paris, 1883.

Belin. — Du crédit agricole mobilier, Thèse Paris, 1890.

Benoit-Lévy. — Schulze et Raiffeisen, Conférence du VIe Congrès des banques populaires françaises, Bordeaux, mai 1891.

Berthelot. — Le rôle de la science en agriculture, *Revue scientifique*, L, Paris, 1892.

Bulletin mensuel de l'Union des caisses rurales et ouvrières, à responsabilité illimitée, Lyon, *Passim*.

Bulletin de la Société des Agriculteurs de France, Paris, février, août 1895.

Démocratie rurale (La), Paris, 2 juin 1895.

Durand. — Le crédit agricole en France et à l'étranger, Paris, 1891.

Cauwès. — Cours d'économie politique, Paris, 1895.

Cheysson. — La baisse du taux de l'intérêt et les institutions de prévoyance, Paris, 1893.

Correspondant (Le), Paris, *Passim*.

Crépeaux. — *L'Année agricole et commerciale*, Paris, 1895.

Delille. — Les Géorgiques de Virgile, Paris, 1789.

Drouet (Paul). — Examen de l'agriculture et de l'élevage aux Etats-Unis, à l'Exposition de Chicago et au Canada; Correspondance imprimée de la Société nationale d'agriculture, 2 mai 1894.

Economiste français (L'), Paris, *Passim*.

Foville (de). — *La France économique*, Paris, 1887.

    — Le morcellement, Paris, 1885.

    — La transformation des moyens de transport et ses conséquences économiques, Paris, 1880.

Gimel. — La division de la propriété, Paris, 1883.

Guérin (L.). — Les caisses rurales et le crédit agricole, Lille, 1891.

Janneney. — Du crédit agricole mobilier, Besançon, 1889.

JANNET (Claudio). — Le socialisme d'État et la réforme sociale, Paris, 1889.

— Le capital, la spéculation et la finance, Paris, 1892.

Journal de l'agriculture, Paris, *Passim*.

Journal d'agriculture pratique, Paris, *Passim*.

Journal des Economistes, Paris, *Passim*.

Journal officiel, *Passim*.

JOSSEAU. — Traité du crédit foncier, Paris, 1885.

LABOUILLERIE (de). — Etude sur la petite propriété rurale, Paris, 1895.

LEROY-BEAULIEU (P.). — Essai sur la répartition des richesses, Paris, 1888.

— La coopération, *Revue des Deux-Mondes*, 1er décembre 1893.

Monde économique (Le), Paris, *Passim*.

NICOLE. — La crise agricole, *Revue des Facultés catholiques de l'Ouest*, avril 1895.

PASSY (H.). — Des systèmes de culture en France, Paris, 1852.

PIRET. — La production indigène et la concurrence étrangère, Paris, 1895.

Réforme sociale (La), Paris, *Passim*.

Revue britannique, Paris, *Passim*.

Revue d'économie politique, Paris, *Passim*.

SAY (J.-B.). — Cours complet d'économie politique pratique, Paris, 1840.

STUART-MILL. — Principes d'économie politique, Paris, 1873. Traduction de Courcelle-Seneuil.

TIXIER-AUBERGIER. — Considérations sur la crise agricole, Paris, 1895.

TOUILLON. — Le crédit agricole, Thèse Paris, 1893.

Union économique (L'). Paris, *Passim*.

TAINE. — Les origines de la France contemporaine. Le régime moderne, Paris, 1891.

TRESCA. — Le matériel agricole moderne, Paris, 1893.

VACHER. — L'agriculture et la main d'œuvre, Paris, 1892.

WOLF. — People's banks. London, 1893. A defense against sweating, London, 1891.

ZOLLA. — Etudes d'économie rurale, Paris, 1896.

TABLE DES MATIÈRES

9 782019 169480